Física de la Correspondencia: Totalidad

Janey Marvin

Física de la Correspondencia: Totalidad

Derechos de Autor © 2021 por Janey Marvin.

Tapa blanda ISBN: 978-1-63812-207-4
Tapa dura ISBN: 978-1-63812-208-1
Libro Electrónico ISBN: 978-1-63812-209-8

Todos los derechos reservados. Está prohibida la producción y distribución de cualquier parte de este libro en cualquier forma o por cualquier medio, electrónico o mecánico, incluyendo fotocopias, grabaciones o cualquier sistema de almacenamiento y recuperación de información, sin el permiso por escrito del propietario del copyright.

Las opiniones expresadas en esta obra son exclusivamente las del autor y no reflejan necesariamente la opinión del editor, que por tanto declina toda responsabilidad al respecto.

Publicado por Pen Culture Solutions   02/28/2022

Pen Culture Solutions
1-888-727-7204 (USA)
1-800-950-458 (Australia)
support@penculturesolutions.com

Contenido

Capítulo 1   Leyes Físicas De La Correspondencia 1
Capítulo 2   Función "De" Origen Y Propósito 6
Capítulo 3   Matemáticas De La Función 11
Capítulo 4   Elementos De La Correspondencia 18
Capítulo 5   Función: Propósito De La Acción Para La Que Existe Algo 24
Capítulo 6   La Gravitación Y Los Fenómenos De Aceleración Relacionados 31
Capítulo 7   Teoría De La Transformación Humana 38
Capítulo 8   Principio De Realidad Y Transformación 46
Capítulo 9   Campos De La Conciencia Humana 52
Capítulo 10 Totalidades De La Teoría De La Transformación 56
Capítulo 11 Órdenes De Activación Sensorial 66
Capítulo 12 Saltos Cuánticos 77
Capítulo 13 Memoria-Correspondencia 93
Capítulo 14 Unificación Interna 100
Capítulo 15 El Intercambio De Energía Es Discontinuo 121
Capítulo 16 Curva En "S" 135
Capítulo 17 Teoría De La Transformación De La Totalidad 156
Capítulo 18 El Ser Conduce Al Tener 186
Capítulo 19 Uniendo Los Quantums 199
Capítulo 20 Algoritmo De Elementos 208
Capítulo 21 Elección 218

Introducción

La Física de la Correspondencia "Totalidad" se origina en la Teoría de la Transformación Humana Holográfica. La Teoría de la Transformación Humana Holográfica incorpora la sabiduría de los antiguos griegos y se basa en tres simples palabras que se encuentran a la entrada del Templo de Delfos: Conózcase a Sí Mismo.

La Teoría Humana Holográfica nos permite conocer nuestro mundo interior, nuestro yo subconsciente que ha estado dirigiendo nuestras vidas a lo largo de todos los tiempos. Todos nuestros miedos, odios, envidias, penas, ansiedades, todo lo que creíamos que formaba parte de nosotros y del mundo. Todo lo que experimentamos como nuestra Realidad, Identidad, Coeficiente Intelectual, Emociones, Pensamiento, Físico, y todo nuestro ser es programación subconsciente. Los griegos sabían esto, y conocían la naturaleza de los seres internos; su estructura, sus patrones y sus procesos. La Teoría Humana Holográfica y la Teoría de la Transformación son conocimientos compartidos por los antiguos griegos desde el Templo de Delfos.

He estudiado la Teoría Humana Holográfica desde 1996 después de asistir a un entrenamiento de fin de semana de Michael Miller sobre ella. Hay algo en ella que no podía dejar de leer. Investigué cada una de las palabras que recibí en el libro que tenía que ver con la Teoría Humana Holográfica. Incluyendo palabras simples como "eso", "de", "es", "como". Investigué palabras que nunca había utilizado. Investigué en diccionarios, tesauros, escrituras, física y física cuántica. Investigué a Einstein, a Max Planck, a Thomas Kuhn y a muchos otros físicos a cuyos trabajos me llevó la investigación. Mi proceso de investigación consistió en reunir primero los datos de todas y cada una de las fuentes que se corresponden con mi investigación y conocimiento de las escrituras. Después de reunir los Datos de todas y cada una de las palabras, tomé esos datos de cada palabra y luego escribí un diálogo de información a partir de dichos datos, y creé teorías correspondientes al Humano Holográfico. Por último, practiqué y apliqué la información y las teorías de los datos y el diálogo y repetí desde el primer paso de mi investigación, recogiendo cualquier dato nuevo que encontrara durante la etapa de aplicación, lo que conduce a un mayor conocimiento.

Este libro es uno de los muchos que he escrito y seguiré escribiendo sobre el Humano Holográfico y la Teoría de la Transformación Humana Holográfica porque la información es abundante.

La Teoría del Humano Holográfico consiste en muchas naturalezas diferentes del Conocimiento de Sí Mismo: Lingüística, las activaciones de las neuronas del sistema nervioso central, los 7 sentidos humanos, sus funciones, la inteligencia, cada órgano y sistema del cuerpo, su función abstracta y su inteligencia individual, y la naturaleza que todo esto corresponde en conjunto para hacernos, el Ser. Mucho de lo que no está dirigido por la conciencia fue conocido por los antiguos griegos y se transmite en la Teoría Humana Holográfica. La Teoría Humana Holográfica le enseña a reconocer todas estas funciones subconscientes, a conocer sus inteligencias y su naturaleza. A "conocer su yo". Le enseña, junto con las técnicas que he desarrollado basadas en sus funciones, la manera de "Sanar su Ser".

Todas las funciones conscientes son para que nuestro ser perciba lo que el subconsciente le dice, lo evalúe, lo juzgue y luego decida sobre ello. Todo lo demás que hemos conocido como el Ser, es sólo un programa subconsciente. Incluso lo que el consciente llega a percibir.

He hecho esto desde 1996. Tengo miles de documentos e ilustraciones; lo he enseñado como parte de nuestra clase educativa en nuestro centro de tratamiento (MATR Behavioral Health en Mt. Pleasant Utah). Estoy escribiendo libros para otros profesionales y cualquier persona interesada. He creado cientos de técnicas basadas en la experiencia para aplicar la información más fácilmente en entornos grupales e individuales. Hago entrenamientos y capacitaciones. He trabajado en Servicios Humanos desde 1976. Tengo mi propio programa de tratamiento desde 1993. Recibí mi Master en Hipnoterapia y me certifiqué con la Asociación Internacional de Hipnoterapia Médico Dental en Hipno-anestesia en 1996. Fui una de las tres personas al oeste del Mississippi certificadas por ellos para hacer Hipno-anestesia. Tuve que aprender la estructura, los patrones y los procesos de las funciones de los órganos, sistemas y correspondencia del cerebro y del cuerpo y las consecuencias conscientes. Ya sabiendo estas cosas entonces con sólo un fin de semana de entrenamiento del Humano Holográfico supe que había más de un valor mayor de lo que se había reconocido aún.

Amo mi trabajo. Me encanta creer que cuando una persona conoce el camino que le ayudará a convertirse en un ser más grande, lo elegirá.

"Creo en Dios, el Padre Eterno y en su Hijo, Jesucristo y en el Espíritu Santo", el Primer Artículo de Fe de la Iglesia de Jesucristo de los Santos de los Últimos Días. Creo que todos somos hijos de Dios. Creo que es Su obra y Su gloria "llevar a cabo la inmortalidad y la vida eterna del hombre".

Él nos dio a todos el Evangelio de Jesucristo de los Santos de los Últimos Días, nos creó para que volviéramos a Él para obtener la inmortalidad y la vida eterna. Creo que "un hombre no puede ser salvado en la ignorancia", D&C 131:6. Creo que "si hay algo virtuoso, hermoso o de buena reputación, lo buscamos", Decimotercer Artículo de Fe de la Iglesia de Jesucristo de los Santos de los Últimos Días.

Creo que Lucifer te dará 99 verdades para que creas 1 mentira. Las escrituras son un recurso importante de mi investigación.

La Teoría Humana Holográfica y la Teoría de la Transformación Humana Holográfica enseñan sobre nuestro ser interior, el ser que ha sido un misterio para todos nosotros durante la mayor parte de nuestra vida. Las consecuencias de no conocer nuestro yo (nuestros programas subconscientes) son la desesperación, el dolor, la enfermedad, la depresión y todos los problemas mortales, ya sean mentales, emocionales o físicos, son las consecuencias de no conocer nuestro yo interior.

La totalidad o plenitud es un aspecto de la Teoría de la Transformación Humana Holográfica. La Teoría de la Transformación Humana Holográfica es un cambio a nivel de identidad. La Teoría de la Transformación consta de cuatro aspectos: Sistemas Abiertos y Cerrados, Entropía, Totalidades (principio de Totalidad), y Saltos Cuánticos. La Física de la Correspondencia es la forma en que la naturaleza trabaja con toda la vida. Son cinco libros separados con Cuadernos de Trabajo, tareas y técnicas basadas en la experiencia para aprender a trabajar conscientemente con el subconsciente y sus diferentes órganos y sistemas, basados en sus funciones e inteligencia individuales.

La Teoría Holográfica de la Transformación Humana consiste en otros libros y otra sabiduría de los antiguos, la física y las escrituras.

La correspondencia ocurre en el entre todo. El Espíritu reside en el ente. La correspondencia ocurre a través del Espíritu. El Espíritu es la Sustancia de la Correspondencia.

La Totalidad o plenitud es la Fuerza Unificadora que nos mantiene unidos. La Unificación Interior proviene del Macro-Sistema que nos permite vivir y crecer. Este es el trasfondo del dicho: "Lo que resistimos, persiste". Una Totalidad (Plenitud) es el estado de ser completo, la totalidad, la Integridad.

La correspondencia gobierna la función (propósito de la acción) y es el acuerdo de las cosas entre sí dentro del sistema para mantener el propósito y la función original de los sistemas. Cuando las cosas no se corresponden, se vuelven disfuncionales. A través de la correspondencia, todas las cosas funcionan correctamente según su propósito original. La correspondencia es la forma en que las cosas se comunican entre los elementos de sí mismas y su entorno. La correspondencia no es sólo comunicación. Es un acuerdo de la estructura, patrones y procesos, la naturaleza de la comunicación entre cosas similares.

Los órganos de nuestro cuerpo deben comunicarse entre sí, los miembros de la familia deben comunicarse entre sí y los entornos de trabajo deben comunicarse. La correspondencia es la física de la comunicación. Una clave para lograr una mayor correspondencia y ser más abierto, es crear formas de aumentar el flujo de información a través de todo el sistema. En este libro, explicaré en detalle las formas de crear una mayor correspondencia y proporcionaré meditaciones guiadas y técnicas basadas en la experiencia. Espero que disfrute de esta Tecnología.

Capítulo 1

LEYES FÍSICAS DE LA CORRESPONDENCIA

La correspondencia es la forma en que las cosas se comunican entre los elementos de sí mismas y su entorno. Sin correspondencia entre todas las cosas con alguna similitud hay deterioro. La inteligencia no son las cosas que conocemos, es la forma que tenemos de conocer las cosas y se aplica a la correspondencia. Si conocemos una cosa, conocemos su opuesto, y si conocemos esa cosa y observamos una cosa con similitudes a la que conocemos, conocemos también las otras "similitudes". La correspondencia no es sólo comunicación. Es un acuerdo de la estructura, los patrones, los procesos y la naturaleza de la comunicación entre cosas similares.

Los órganos de nuestro cuerpo deben comunicarse entre sí, los miembros de la familia deben comunicarse entre sí y los ambientes de trabajo deben comunicarse. La correspondencia es la física de la comunicación. Hay estructuras, patrones y procesos en la física de la comunicación que se ilustran y dialogan. Podemos aprender a ponerlos en práctica. La correspondencia, como una Totalidad consiste en tres Elementos separados que trabajan juntos con diferentes propósitos para crear la correspondencia como una Totalidad dentro del sistema. Los tres Elementos de la Correspondencia son: Primero) Similar, Segundo) Unidad y Tercero) Integrar. En lo que respecta a los sentidos humanos, el Sonido y la Vista están con el elemento de Similar, el Tacto y la Energía están con el elemento de Unidad y el Gusto y el Olfato están con el elemento de Integrar.

La correspondencia rige la Función; la Función es el propósito original de cualquier cosa en la existencia; todo tiene una función dentro de ella. La correspondencia es la concordancia de las cosas entre sí dentro del sistema para mantener el propósito y la función original de los sistemas. Cuando las cosas no se corresponden, se vuelven disfuncionales. A través de la correspondencia, todas las cosas funcionan correctamente en base a su propósito original.

La correspondencia asegura que el propósito original del sistema continúe en su naturaleza independientemente de lo que ocurra dentro de él o a su alrededor.

La correspondencia es muy sencilla cuando se asume por los tres Elementos de la misma. Cuando los elementos no se corresponden, el sistema/totalidad no funciona como se pretendía originalmente. Los elementos de cualquier Totalidad son simplemente la acción, la identidad y la función de sus contenidos, estos son los ingredientes completos de la Totalidad o conjunto identificado. Todo lo que es una totalidad o un todo identificado, simplemente tiene que serlo. Todo lo que se pretende que sea totalidad o entero ya está dentro de él. La acción de la totalidad es el primer elemento de cualquier totalidad dada, estos son de los pensamientos y vienen de nuestro pasado, nuestro sentido del sonido y nuestro sentido de la vista, nuestro sentido del sonido quantum asociado con el sentido de lo correcto y nuestro sentido de la vista quantum representado por nuestro sentido de lo incorrecto. La identidad de una totalidad es el segundo elemento a través del cual la totalidad existe. El elemento de identidad de la totalidad es la presencia y la emoción y está asociado al sentido del tacto y a la energía. El sentido del tacto está representado cuánticamente por la identidad de Dios y el sentido de la energía está representado cuánticamente por la identidad del yo. El tercer elemento de cualquier totalidad o conjunto es la función real de sus contenidos. La función real de los contenidos está asociada con el sentido del gusto y el sentido del olfato. El sentido del gusto está asociado cuánticamente con la función del propósito de la vida y el sentido del olfato está asociado cuánticamente con la función del propósito de la muerte. Estos son la naturaleza, la estructura, los patrones y los procesos de cualquier totalidad o conjunto. Estos son los elementos de la existencia.

En cuanto a la Correspondencia, sus tres Elementos consisten primero en la similitud, luego en la unidad y después en la integración. Cualquier cosa dentro del sistema que tenga similitudes con cualquier otra parte, aspecto o ingrediente del mismo sistema dado, es el primer elemento del sistema que puede corresponder. Todo corresponde basado primero en lo similar, segundo en la unidad (desviaciones) y tercero en la integración. Los ingredientes o elementos de la totalidad identificada consisten en la acción, la identidad, la función de los contenidos y cualquier sistema, nosotros como individuo somos un sistema entero, la familia es un sistema entero, la naturaleza, el tiempo, la sabiduría, la elección, hay muchos sistemas enteros que se denominan Totalidades. Cada Totalidad consiste en 3 Elementos separados y cada uno de estos 3 Elementos separados se corresponden a través de elementos de correspondencia de, primero similar, segundo unidad (desviaciones) y tercero integrar.

Cualquier sistema completo tiene diferentes partes dentro del mismo, con un propósito separado en el sistema para la función del sistema completo. Cada parte dentro del sistema completo tiene similitudes particulares con otras partes dentro del mismo. Debe existir una relación entre las partes, en la cual, cada miembro de un conjunto se asocia con uno o más miembros del otro, para que el sistema cumpla su Función (propósito). La correspondencia entre las diferentes partes del sistema completo completa la Función del sistema. La transmisión de información dentro de cualquier sistema, ya sea hecho por el hombre o por Dios, es la física de la correspondencia. ¿Qué parte del avión vuela? ¿O qué parte del automóvil lo hace funcionar? Es la relación, la correspondencia y la totalidad unificadora lo que permite que el avión vuele, que el automóvil funcione y que los seres humanos trabajen correctamente. Cada sistema completo se comunica por naturaleza a través de la física de la correspondencia. La correspondencia, la acción del sistema debido a la identidad de los sistemas son la función de los contenidos dentro del sistema como un todo.

Tomemos la Totalidad del Tiempo y los tres Elementos del Tiempo que hacen del Tiempo un sistema completo y total. El Tiempo se compone de: Primero, el tiempo pasado, acción del tiempo. Segundo, el tiempo presente, la identidad del tiempo. Tercero, el tiempo futuro, función del contenido del tiempo. Para que el Tiempo como Totalidad, un todo funcione adecuadamente debe corresponder, en base a los tres elementos de correspondencia según el orden del primer elemento con el primer Elemento de cualquier otro sistema total, la Totalidad y el segundo elemento con la Totalidad del segundo Elemento de otro sistema dado y el tercer Elemento de correspondencia con el tercer Elemento del tercer Elemento de cualquier otra totalidad dada. Las totalidades ya son sistemas completos para funcionar como tal y se corresponden naturalmente como un sistema completo. Esto siempre se aplica en esta secuencia para cualquiera de los elementos, hay tres elementos por cada Totalidad, (primer, segundo y luego tercer elemento por cada Totalidad). El primer elemento se alinea con el primer elemento de todos los demás primeros elementos. El segundo elemento se alinea con el segundo elemento de todas las otras totalidades y el tercer elemento se alinea con el tercer elemento de todas las otras totalidades.

Tome los elementos de Tiempo, Familia, Elección y Correspondencia. Ponga los elementos de cada totalidad secuencialmente con el elemento asociado de otra totalidad. Resulta así: primeros elementos asociados: Pasado, Padre, Tomar acción, Acción, Similar: segundos elementos asociados: Presente, Madre, No actuar, Identidad, Unidad; terceros elementos asociados: Futuro, Hijo, Dejar actuar, Función de los contenidos, Integrar.

Otra Ley que rige las Totalidades y sus Elementos es esta: si puedes alcanzar el tercer Elemento de cualquier totalidad dada, automáticamente tienes la Totalidad (el Todo). La función de los contenidos de cualquier totalidad o sistema completo es el conjunto funcional. Integrar la función de los contenidos del sistema en el sistema original es la correspondencia por el principio de totalidad e integridad.

Una vía clave para lograr una mayor correspondencia y ser más abierto, es crear formas de aumentar el flujo de información a través de todo el sistema, la Comunicación. Ya sea que este sistema sea usted como individuo, o un grupo, la correspondencia es el factor clave para mantener el sistema completo. Sin correspondencia, cualquier sistema se vuelve disfuncional y se deteriora como un sistema completo. La correspondencia es por naturaleza, una función natural dentro de cualquier sistema, basada en la función del sistema como un sistema completo y las diferentes funciones de los diferentes aspectos de las partes dentro del sistema. La correspondencia sólo se basa en estos tres elementos de la misma. La correspondencia es, en primer lugar, la identidad de los humanos, ya que los individuos son creados para auto organizarse, para tener unidad, correspondencia y similitudes. Esto ya está dentro de nosotros, esperando a ser sacado. Cuando éstas no se escuchan y responden entre sí, se produce un deterioro. Esto ocurre a nivel individual, así como en las familias, las comunidades, los países y el mundo. Usted puede tomar el control consciente y conocer estos elementos y hacerlos parte de su sistema para que éste funcione correctamente. La correspondencia comienza con la alineación de las similitudes dentro del sistema, cualquier desviación con el sistema debe ser unificada, basada en sus funciones en la función del sistema (propósito). Unificar las partes desviadas de cualquier sistema consiste en integrar estas desviaciones en el sistema como un todo. Las desviaciones dentro del sistema son un aspecto del funcionamiento del sistema que asegura su crecimiento. Todo sistema completo tiene su función, su propósito y su potencial de crecimiento, la correspondencia es la física para comunicar dentro del sistema para el crecimiento de los sistemas a un mayor potencial. La correspondencia consiste, en primer lugar, en las similitudes/acciones, en segundo lugar, en las desviaciones/identidades y, en tercer lugar, en la integración/función de los contenidos del conjunto.

Capítulo 2

FUNCIÓN "DE" ORIGEN Y PROPÓSITO

La función es la acción para la que existe una cosa, cualquier acción de un grupo de acciones relacionadas está contribuyendo a una acción mayor. Todo tiene una función por la que existe o la razón por la que ha sido hecho. Esto también es cierto con respecto a las experiencias de nuestra vida, suceden por una razón, tienen un propósito y cumplen una función. Cuando tenemos problemas con respecto a nuestra vida, estamos luchando contra la función que cumplen los problemas en lugar de aceptar la función del problema.

Sistémico; Relativo a un sistema o consistente en él, formulado como un cuerpo coherente de ideas, elementos o principios. Lo sistémico es metódico en su procedimiento, plan o enfoque. Lo sistémico indica un patrón ordenado y su antónimo es desordenado. El término sistémico indica cuidado, esmero, atención y su antónimo es descuido. El hecho es que cada parte del sistema correspondiente en conjunto hace que el sistema sea un todo y el todo es mayor que cualquier parte. Cada aspecto o elemento de cualquier sistema tiene una función y un propósito para el sistema, como un todo y la correspondencia es la física del sistema siendo un todo.

La correspondencia es la física cuántica del sistema que es un todo en sí mismo. Algo así como la "inteligencia artificial", simplemente se trata de eso. Los tres elementos de la totalidad son: primero; acción, segundo; identidad, y tercero; función del contenido de la totalidad. Tomemos los tres elementos de la correspondencia y la totalidad: primero: semejanza/ acción, segundo: unidad/identidad (desviaciones) y tercero: integración/ función de los contenidos. Ahora tome los tres elementos de elección, combine los elementos de correspondencia/totalidad con los elementos de elección y vea lo que sucede... Primer elemento de elección: "Tomar acción" y combinarlo con el primer elemento de correspondencia/totalidad, Similar/ acción "Tomar similar/acción/acción". Segundo elemento de elección "No tomar acción", combínalo con el segundo elemento de correspondencia/ totalidad: unidad/ (desviaciones)/identidad con "No tomar acción", no tomar acción es unificar las desviaciones para la identidad de la totalidad. El tercer elemento de la Elección es "Dejar que otros tomen acción" combinar con el tercer elemento de la correspondencia/totalidad; integrar/ funcionar los contenidos de la totalidad. Deje que otros tomen acción para integrar el sistema de la totalidad y la función de los contenidos de la totalidad. Combinar en cuanto a la función de la totalidad, las desviaciones individuales dentro del sistema.

ALGORITMO

El siguiente Algoritmo se basa en las totalidades de Elección y Correspondencia y Totalidad y sus Elementos.

Primer elemento: tomar acción, similar; no tomar acción, similitud, tomar acción, similar; dejar que otros tomen acción, integrar, tomar acción, similar.

Segundo elemento: tomar acción, similar, no tomar acción, unidad; no tomar acción, unidad; dejar que otros tomen acción, integrar, no tomar acción, unidad.

Tercer elemento: tomar acción, similar, dejar que otros tomen acción, integrar; no tomar acción, dejar que otros tomen acción, integrar; dejar que otros tomen acción, integrar.

Tome cualquier Todo (Totalidad), combine sus elementos a través de los elementos de correspondencia y los elementos simplemente trabajarán juntos de forma natural por su propia naturaleza. Para corresponder elementos Wayne Schumaker creó un continuo en un patrón de algoritmo de la totalidad de cualquier sistema dado. Para hacer el algoritmo Wayne tomó un elemento en cada conjunto/sistema dado (totalidad) y agregó el elemento a los otros elementos dentro de ese mismo u otro conjunto, para dar continuidad al algoritmo. Este patrón también tiene una secuencia de primer elemento, luego segundo elemento y luego tercer elemento a los otros elementos dentro del mismo u otro sistema de elementos.

Una correspondencia matemática asigna exactamente un elemento de un conjunto, a cada elemento del mismo, u otro conjunto. Una variable como cualidad, rasgo o medida, que depende y varía con otra. Resultado: La función implica una definición y/o propósito al que sirve o un tipo particular de trabajo que está destinado a realizar. El procedimiento consiste en actuar de una manera determinada. Comportarse, funcionar, trabajar, ir, correr y operar. La correlación matemática entre conjuntos para el Todo crea la Función del Todo (Totalidad).

El algoritmo es un procedimiento para resolver un problema matemático en un número finito de pasos que frecuentemente implica la repetición de una operación. Un algoritmo es un procedimiento paso a paso para resolver un problema o lograr algún fin, un conjunto explícito de reglas para resolver un problema.

Un Continuum trabaja con el proceso de algoritmos para la correspondencia en la física cuántica como una medida matemática de la calidad y el rasgo de los elementos de la función dentro de cualquier sistema dado. Una correspondencia matemática asigna exactamente un elemento de un conjunto, a cada elemento del mismo, o de otro conjunto. Una variable como cualidad, rasgo o medida, que depende y varía con otra. Este proceso matemático crea un patrón de coherencia entre los diferentes elementos a lo largo del continuo.

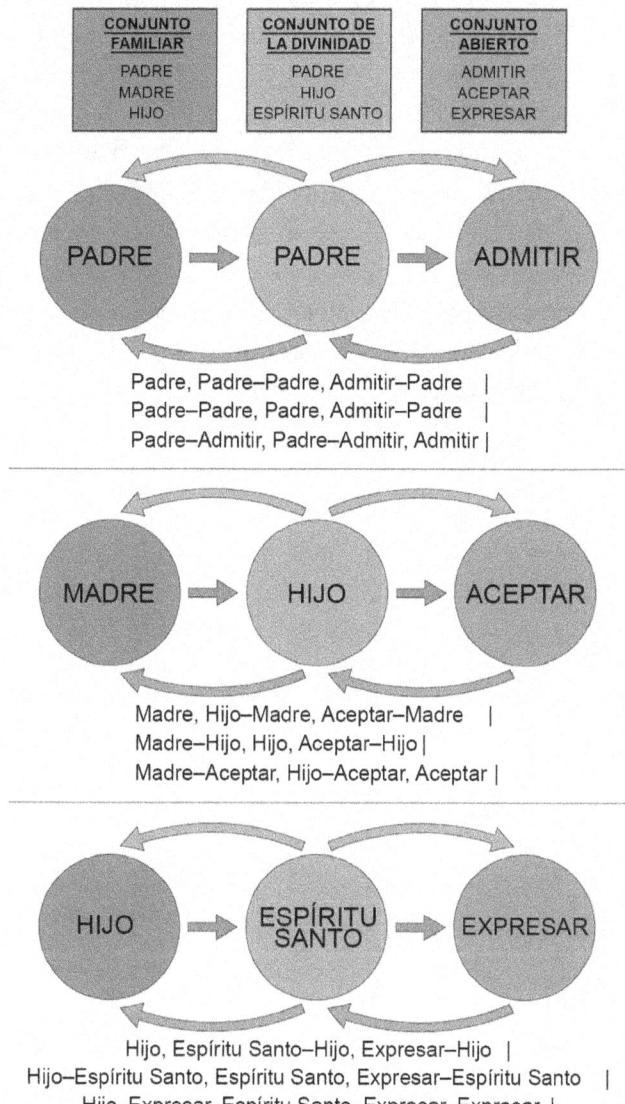

Este proceso consiste en sumar el primer elemento de un conjunto/sistema determinado a los demás elementos del mismo conjunto o de un conjunto similar y el segundo elemento a los demás elementos y el tercer elemento a los demás elementos del mismo sistema o del sistema determinado. Esta es la forma matemática de medir entre los diferentes conjuntos/sistemas, basándose en los diferentes elementos de datos de los conjuntos/sistemas.

Los algoritmos matemáticos se crean a partir de los datos dentro de los diferentes sistemas completos. Los datos se comunican basándose en la física de la correspondencia, basada en el primer elemento similar, el segundo elemento de unidad (desviación) y el tercer elemento de integración. Cada elemento/datos individuales creados a través del proceso matemático deben corresponderse entre sí para procesar los datos en el sistema, cambiando así la Función de los Elementos del sistema. Alterar la función de los elementos añadiendo otro elemento a su rasgo de carácter.

CAPÍTULO 3

MATEMÁTICAS DE LA FUNCIÓN

La física es una ciencia que se ocupa de la materia y la energía y de sus interacciones. La física es la naturaleza de los procesos y fenómenos físicos de un sistema particular y sus propiedades físicas y composiciones. Es una Ciencia Natural. La integración es el proceso de la Unidad (Desviaciones al Multiplicador); Acto o proceso de integrar, encontrar la integral como de una función para incorporar a una unidad mayor. Formar, coordinar o mezclar elementos en un todo funcional o unificado. Integrar es incorporar partes de un sistema que se desvían de las otras partes del mismo sistema. Integrar es combinar en cuanto a la función del conjunto, las desviaciones individuales dentro del sistema. La integración es la operación de encontrar una función cuya diferencial se conoce, la operación de resolver una ecuación diferencial (una ecuación que contiene diferenciales o derivadas de funciones -comparar ecuación DIFERENCIAL PARCIAL). El antónimo es diferenciación. ¿Qué propósito/función tiene el antónimo/diferencia/desviación para todo el sistema? La desviación es una parte natural de cualquier sistema. Los sistemas están destinados a progresar, a crecer, a desarrollarse y a cambiar. Todo lo que el sistema necesita para mantener un proceso de crecimiento natural está dentro del sistema desde su origen. Al igual que la idea, contiene todo lo necesario para alcanzar el objetivo.

Esto también se relaciona con el hecho de que el Resultado es sólo un elemento de cualquier "Evento", los otros tres elementos de la totalidad del Evento son el Estado y la Condición y el Resultado. Usted tiene que estar en el Estado y la Condición correctos para lograr el Resultado. Incluso si obtiene el Resultado y no mantiene o cambia el Estado o la Condición para el Resultado, puede perder dicho Resultado. Sí, es cierto, sé que lo sabía y ahora sabe que es un principio de la física.

Tomemos el sistema del Evento y hagamos el algoritmo Matemático con sus Antónimos; las desviaciones del Evento mismo. Tomemos cada elemento y sumémoslo a los demás elementos del mismo u otro sistema.

Algoritmo del Evento

Estado, condición Estado, resultado Estado, estado Condición, condición, resultado Condición, estado Integrar, condición Integrar, integrar (añadir esto a los elementos del Sistema de Correspondencia de Similar, Unidad e Integrar). Similar, unidad Similar, integrar Similar, similar Unidad, Unidad, integrar Unidad, similar Integrar, unidad Integrar, integrar.

El Evento tiene un Propósito, un Origen y una Función, este es su comienzo y la Fase de Cumplimiento cuando se logra el Resultado del mismo. No todos los Eventos alcanzan su Resultado, y mucho menos comienza y terminan sin Desviación/diferencias/antónimos. El patrón identificado previamente es la medida matemática entre las 2 Totalidades separadas (conjuntos/sistemas/Multiplicando) y sus Elementos (Eventos y Correspondencia). El Multiplicando al que se hace referencia en este proceso es el origen, la fase de Formación, la fase de Idea. El Multiplicando es donde está el Propósito y la Función de todo el sistema.

Tenemos diferentes formas de referirnos a este principio de "desviación", no hay "desviación". Este es otro término para la desviación, los antónimos, los diferenciales; todos ellos son todavía partes del Multiplicando y del Propósito desde la Fase de Formación, de Inicio, y están destinados a progresar y evolucionar el Propósito. El patrón matemático para los elementos interrelacionará, interdependientemente cualquier elemento en los otros sistemas. La colocación de estos elementos en este patrón aumenta la Función de cada totalidad. Así, como en el caso de la Totalidad del Evento, cualquier desviación que pudiera parecer que intentaba interferir con el Resultado, se incluye para mejorar el Resultado del Evento.

Sentido inherente del Bien y del Mal por nuestra Naturaleza; Tal vez podamos culpar a Adán y Eva y a la dichosa manzana. Todos somos seres espirituales, viviendo una experiencia de vida. Tenemos un sentido constante de saber "lo correcto y lo incorrecto", es innato en nuestro ser. Que lo correcto sea complicado o difícil no significa que no sepamos que es. Muchas cosas correctas son difíciles de hacer. "Hacer las cosas bien y hacer lo correcto" pueden ser formas opuestas de hacer. Las cosas que la sociedad, la familia y otros sistemas enseñan como correctas son realmente incorrectas. Conocemos la diferencia dentro de nosotros, un individuo que hace lo incorrecto sobre la base del gobierno o cualquier otro sistema sabe que está haciendo lo incorrecto. Hacer lo correcto no tiene que convertir a una persona en un héroe. Hacer lo correcto es algo que Dios ha dado a cada individuo como un sentido interno y un conocimiento (inténtalo).

La correspondencia ocurre dimensionalmente por medio de la Dirección, el Cuestionamiento y el Modelado. Estos elementos son los elementos de la totalidad del Cambio:

Dirección: Como Seres Humanos obtenemos esto basado en nuestro Pasado y basado en nuestros Sentidos de SONIDO y VISTA. Guía o supervisión; Instrucción explícita; Línea o curso en el que algo se está moviendo o está destinado a moverse o a lo largo del cual algo está apuntando o mirando. Un canal, curso directo del pensamiento a la acción, del pensamiento y del esfuerzo.

Antónimo: desvío

Cuestionamiento: Los seres humanos basan esta función en su presente y en nuestros sentidos del tacto y la energía. Hacer una pregunta sobre; Dudar, Discutir, someter a análisis. Inquirir; Interesado en averiguar sobre las cosas. Curioso; inquisitivo, indagador que busca. Antónimo: incurioso.

Modelar: Los seres humanos lo obtienen basándose en el Futuro y en los Sentidos del Gusto y del Olfato. Este aspecto de la Correspondencia consiste en planificar o formar según un patrón en una forma para hacer un sistema o un todo. Producir una representación o simulación de visualización utilizando, diseñando o imitando un patrón. Antónimo: Coincidencia.

La permutación es el cambio de carácter o condición, reordenando los elementos existentes. La permutación es también el tercer elemento de la transformación. La ley de los sistemas establece que si se tiene el tercer elemento de cualquier totalidad, se tiene la totalidad. La transformación como una totalidad consiste en los tres elementos; Borrar, Insertar y Permutar. La transformación es un cambio de nivel de identidad y el cambio de nivel de identidad es un cambio de función por propósito.

Cambiar por acto o proceso; (orden lineal) carácter o condición, el cambio de Nivel de Identidad de nuestro Ser se aplica al mapa dimensional del Humano Holográfico. Integrar (Integridad) basado en la Estructura, Patrones y Procesos (de los Sistemas Naturales). (Mapa Dimensional HH de Elementos Interrelacionados), trabajo unificado en una Naturaleza paralela, (Natural, Verdadera Función del Ser), Elementos Interrelacionados.

Similitud: La correspondencia gobierna esto (Proceso y Estructura); Características estrictamente comparables, esto es sumar e Insertar en el Sistema Completo.

Unidad: Condiciones o Procesos, Acciones, Eventos, basados en el Multiplicador de Propósito de la Totalidad.

Integridad: Estructuras y Procesos se unen para trabajar en Paralelos basados en Similitudes. Partes similares El proceso gobierna la función.

Integración de Conceptos, Principios, Modelos y Programas ya Interrelacionados e Interdependientes en Paralelo.

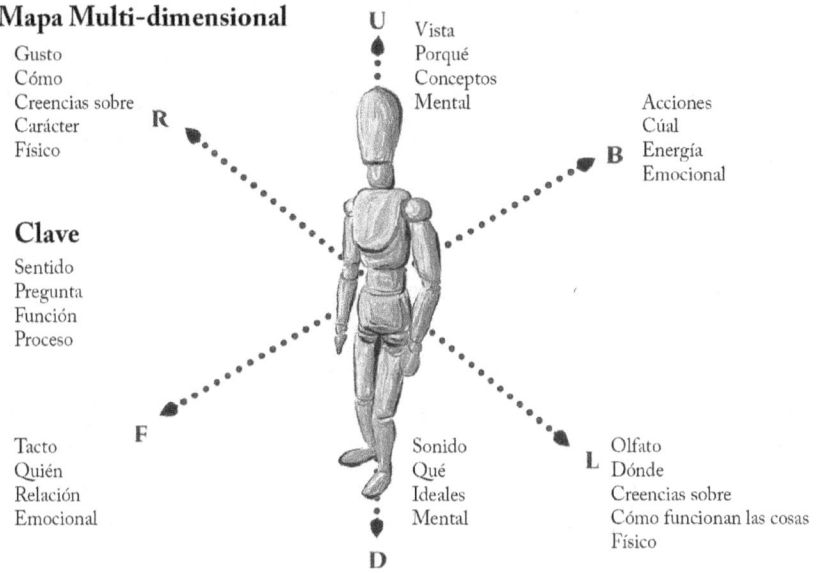

Similitud: La correspondencia rige esto (Proceso y Estructura); Características estrictamente comparables, esto es sumar e Insertar en el Sistema Completo.

Unidad: Condiciones o Procesos, Acciones, Eventos, basados en el Multiplicador de Propósito de la Totalidad.

Integridad: Estructuras y Procesos se unen para trabajar en Paralelos basados en Similitudes. Partes similares El proceso rige la función.

Integración de Conceptos, Principios, Modelos y Programas ya Interrelacionados e Interdependientes en Paralelo.

Función es el propósito de acción para el cual algo existe.

Asignar matemáticamente un Elemento de un conjunto a cada Elemento del mismo conjunto o de otro conjunto, (una variable como cualidad, rasgo o medida que depende o varía con otros Elementos, Contenidos), crea el cambio de carácter y condición.

Relación de Elementos, CONTENIDOS, es Correspondencia entre Función y Operación (Proceso). Unidad de Desviación, Disímil de Estructura y Patrones.... La acción para desviar la estructura o el proceso puede ser tomada por un Evento, Condición o Proceso (x el Propósito/Totalidad).

Evento, una realidad física observada representada por un punto designado por tres coordenadas de Lugar y una de Tiempo.

Condición es una premisa de la que depende el cumplimiento; el Evento está determinado por la Condición. El cambio de la Condición puede poner el Evento en un Estado, de modo que una Acción o Evento asociado a uno se asocia a otro; (Unidad). Paralelamente; Cambiar, la Condición por "Elevar" o hacer algo adicional.

Proceso es la Integración para generar una respuesta automática, (Programa, Modelo).

(Bifurcación): un punto de cruce, sirve a los propósitos de cambio o crecimiento en cualquier sistema dado. El punto en el que el sistema puede comenzar a bifurcarse es importante, ya que se refiere a ir por su cuenta mientras se lleva al sistema con él.

Procesos de las Leyes Físicas

La correspondencia rige la función. Diferentes elementos se corresponden a través de diferentes procesos.

Las similitudes amplían los tiempos (Punto de Bifurcación) Un punto de bifurcación hacia otro camino por así decirlo.

Unidad; desviaciones: Incluso las anomalías que se desvían pueden corresponder juntas. Aquí es donde entra el multiplicando en el proceso. El multiplicando es el propósito original de todo. Todo tiene un propósito; todos tienen un propósito. Cuando aparezcan anomalías desviadas recuerda el propósito original y multiplica los eventos y el número de repeticiones del evento del propósito a la anomalía desviada.

Integración: Punto de cruce; El punto de cruce es hacia donde se ramifica el punto de bifurcación. En este proceso no intente transformar el punto de bifurcación para convertirlo en punto de cruce, permita que ambos puntos mantengan su propia identidad. Sólo ramifique para aumentar la capacidad del sistema para seguir creciendo con todo lo que ha aprendido.

Capítulo 4

ELEMENTOS DE LA CORRESPONDENCIA

Totalidades y Elementos para la Correspondencia (Comunicación). Totalidades:

A) Sistema Humano
B) Sabiduría
C) Matriz del Sistema Corporal
D) Naturaleza
E) Éxito
F) Sistema Abierto
G) Procesamiento de Datos
H) Meta Programas
I) Comunicar
J) Mensaje
K) Dimensión
L) Transformación

1) Mente/Mental, Percepción

    a. Identidad/Personalidad
    b. Datos
    c. Modelos
    d. Estructura
    e. Formulario

f. Admitir
g. Recepción
h. Procesamiento de Datos
i. Transmitir
j. Intento
k. Altura
l. Borrar

2) Emociones

a. Comunicación; procesamiento y almacenamiento de la información.
b. Información; diálogo, nuevas teorías, con patrones.
c. Procesos
d. Patrones; Configuración natural o fortuita, disolver el sistema coherente basado en el funcionamiento interrelacionado previsto de las partes componentes.
e. Norma
f. Aceptar
g. Almacenamiento
h. Patrones de información y almacenamiento.
i. Recibir
j. Contexto
k. Lateral
l. Insertar

3) Cuerpo, Comprender, Discernir

a. Creación
b. Conocimiento; aplicación, uso productivo de la información y nuevas teorías para uno mismo y para los demás
c. Creencia (visión del mundo).
d. Procesos; al cambio natural.
e. Cumplir, a través de la diferencia integradora y las modificaciones en los patrones originales.
f. Expresar

g. Transmitir
h. Comprimir para los modelos
i. Mensaje
j. Contenido
k. Profundidad
l. Permutar

El Principio de Correspondencia es la Unión de Partes Similares. El Principio de Unidad es la unión de partes que no son similares. La Correspondencia y la Unidad hacen que esto funcione.

Principio de Realidad; es no conocer la diferencia de presente, pasado o una experiencia vívida imaginada.

Principio de realidad para la persona con seis sentidos: Los recursos están implícitos y no se habla de ellos en el principio de Realidad, (Hacer cosas correctas). El cuerpo enseña a la mente los recursos. A veces hay que abordar primero otras cosas en el principio de Realidad, (Recordar lo correcto). Entonces, lo que prefieren como su realidad no cambia simplemente por una cosa que hacen. Si el principio de Realidad no está funcionando, entonces necesitan hacer algo primero antes de que esa realidad pueda ocurrir. El hecho de que no conozcamos la diferencia entre presente, pasado, futuro o una experiencia vívida imaginada hace que el principio de realidad funcione. La ley de correspondencia y unidad hace que la realidad funcione.

La sinergia: El todo es mayor que la suma de sus partes. Se refiere al sistema en el que cada parte hace lo que debe hacer y se comunica en base a la correspondencia entre las partes.

Cambio incremental: Hacer pequeños cambios en los diferentes comportamientos humanos puede ser interminable.

❖ Patrón de éxito, explorando las posibilidades de los patrones o sistemas para el cambio.
❖ Ampliar y mejorar los patrones y el sistema para el cambio.

❖ El Sistema alcanzó su potencial y también muestra de nuevo sus problemas incorporados. (Anomalías).

Cambio transformador e imprevisible: Cambio a nivel de identidad.

❖ Patrón de éxito, explorando las posibilidades de los patrones o sistemas para el cambio.
❖ Ampliar y mejorar los patrones y el sistema para el cambio.
❖ Patrones de éxito considerando las anomalías.

Los seres humanos tienen características y atributos característicos de simpatías, fragilidades, fortalezas y por la naturaleza de sus mentes pueden procesar y evaluar sus vidas y muchas otras cosas. Tienen una existencia consciente y pueden percibir y concebir otras cosas en una existencia real. Los humanos, por su propia naturaleza han transformado sus acciones y procesos, no sólo de nuestro mundo, sino incluso el ADN de muchos otros seres vivos.

Para transformar, la clave de la fórmula que afecta a la Transformación es la FUNCIÓN. La función es una operación literal que convierte una cosa en otra: Al borrar (quitar de), insertar (añadir a), o permutar (reordenar completamente). La modificación genética ocurre de esta misma manera, borrando, insertando o permutando el ADN de una célula a otra. Esta física de la transformación se aplica también a los seres humanos. La correspondencia es la ley que rige este proceso de FUNCIÓN. La función indica el Propósito/Origen.

La integración es un proceso de unificación (unidad), (Desviaciones a la Función Multiplicador). El ser humano se transforma e integra por naturaleza, a través de su sentido inherente del bien y del mal. De acuerdo y determinado por su propia naturaleza, sus estructuras, patrones y procesos, conociendo inherentemente lo Correcto y lo Incorrecto. El verbo integrar se refiere al proceso de hacer o convertirse en un todo.

La permutación es un cambio importante o fundamental, como en el carácter o la condición, basado principalmente en la reorganización de los elementos existentes. Es el cambio, por acto o proceso, del orden lineal de un conjunto ordenado o de la reordenación del carácter o de las condiciones.

La integridad existe porque la Estructura y los Procesos de los Sistemas Naturales están unificados de manera que hacen que las partes trabajen juntas en Paralelo, a través de Similitudes y Correspondencia. (Funcionamiento Natural y Verdadero del Ser). La Unidad se basa en la ley Universal llamada; Unicidad una totalidad de partes relacionadas: una entidad que es un todo completo o sistemático (Elementos Interrelacionados). La integridad es una parte natural del ser humano.

Ley de la similitud: La cualidad o estado de ser similar, la correspondencia es la Ley Natural que rige este Proceso. Semejante en Sustancia o Esencial, Estructura, Procesos, y que tiene características en común (Co-estrictamente comparable, Isomorfo, Homeomorfismo, para expandirse). Aquí es donde el Modelo Matricial entra en la Teoría de la Transformación. Tomando Correspondencias Similares y Unificándolas para que sean Una, agregándolas (insertándolas) en el Sistema Completo. Todas las cosas que forman parte de un sistema completo tienen piezas que son similares a otras piezas del sistema completo. La correspondencia ayuda a que estas diferentes partes del sistema completo funcionen juntas para el propósito del sistema.

Integración de conceptos, principios, modelos y programas ya interrelacionados e interdependientes en paralelo.

Unidad de Condiciones o Procesos, Acciones, Eventos basados en el Multiplicador de Propósito o Totalidad. El proceso de partes similares rige la Función.

La correspondencia ocurre dimensionalmente por la Dirección, el Cuestionamiento y el Modelado.

Integración de Conceptos y Principios, Modelos y Programas deben estar Interrelacionados e Interdependientes.

La Correspondencia es que las Partes o Procesos de la misma forma resuenen como uno.

La Unidad es la Continuidad de las Desviaciones, sin Desviación o cambio como en el Propósito de las Acciones, Eventos, Condiciones o Procesos. Estos deben basarse en el Multiplicador (Propósito Original) o en la Totalidad (Principio de Integridad).

Capítulo 5

FUNCIÓN: PROPÓSITO DE LA ACCIÓN PARA LA QUE EXISTE ALGO

La correspondencia rige la función; la función es el propósito original de todo lo que existe; todo tiene una función dentro de él. La correspondencia es la concordancia de las cosas entre sí dentro del sistema para mantener el propósito y la función originales de éste. Cuando las cosas no se corresponden, se vuelven disfuncionales. La disfunción es el resultado de que el Origen, el Propósito y el Proceso se desvíen de sí mismos; otra forma es decir cuando se salen del camino.

Asignar matemáticamente un elemento de un conjunto a cada elemento del mismo u otro conjunto: Una variable como cualidad, rasgo o medida que depende o varía con otra.

Integridad: Las Estructuras y Procesos de los Sistemas Naturales se unen para trabajar en Paralelo, basándose en Similitudes y Correspondencias.

Ley de correspondencia; Una similitud particular. Relación entre conjuntos en la que cada miembro de un conjunto se asocia con uno o varios miembros del otro. Corresponder significa responder juntos, reaccionar al unísono, es decir, al mismo tiempo. La naturaleza racionaliza los sistemas haciendo que las partes o los procesos con la misma forma resuenen como uno solo. El principio de correspondencia es la unión de partes similares. Este proceso de Correspondencia de partes o procesos similares que se unifican gobierna la Función. El cambio de la Función provoca la Transformación. La correspondencia ocurre dimensionalmente por la dirección, el cuestionamiento y el modelado. Las partes similares cambian juntas.

La Función representa el "Propósito" de una acción específicamente ajustada, utilizada o para la que existe algo. Grupos de Elementos o acciones relacionadas que contribuyen a una acción mayor. Una correspondencia matemática que asigna exactamente un Elemento de un conjunto a cada Elemento del mismo u otro conjunto. Una variable (como cualidad, rasgo o medida) que depende de otra y varía con ella. La función se relaciona con el rendimiento. La correspondencia rige la Función.

La palabra "De" se utiliza para representar la Función. "De" indica el Material, Partes o Elementos Componentes o Contenidos. "De", como palabra de Función, indica una parte o punto de Recuento, Origen o Derivación, así como una Causa, Motivo o Razón. La palabra "De" se utiliza para indicar un conjunto o cantidad de la que se quita (Borra) o se amplía (Inserta) o se reordena (Permuta) una Parte, para indicar Relaciones (Correspondencia) entre un resultado determinado por una Función u Operación (Proceso) y una entidad básica (como variable independiente), para indicar posesiones características, distintivas, o posesión en el Tiempo. Otras formas de utilizar la palabra "De", indicando Función: Como, para, en cuanto a, sobre, acerca de, relativo a, perteneciente.

Los tres aspectos del ser humano que se corresponden son: Mente, Emoción y Cuerpo.

TOTALIDAD; SER NATURAL (Niveles superiores de la función del sistema humano)

1. Identidad, Personalidad, Mente

2. Comunicación y procesamiento de la información, funciones emocionales

3. Creación, Comportamiento, Cuerpo

Cada nivel superior de las funciones humanas tiene la capacidad de pensar por cada una de las funciones humanas. Los sentidos humanos están incluidos en este proceso de pensamiento. Gran parte de este pensamiento es realizado automáticamente por el subconsciente en el TDS a través de lo que se conoce como Meta programas.

El principio o ley de la Unidad: Una totalidad de partes relacionadas, una entidad que es un todo complejo o sistemático. Se trata de aspectos unificadores de sistemas naturalmente integrados. Una cualidad o estado de ser Uno, no múltiple, Una Identidad. Este aspecto de la Unidad es la Continuidad sin desviación o cambio como en el Propósito de las Acciones. Cualquier desviación o cambio debe ser llevado de vuelta al Propósito y multiplicado por el Propósito.

La Unión de partes que son Disímiles: Estructuras y Procesos que se Desvían entre sí en el mismo Sistema. La acción para la Estructura o Proceso que se desvía puede ser tomada por un Evento, Condición o Proceso multiplicado en Propósito y/o Totalidad.

Evento: Entidad fundamental de la realidad física observada representada por un punto designado por 3 coordenadas de Lugar y 1 de Tiempo en el Continuo Espacio-Tiempo postulado por la Teoría de la Relatividad. Los eventos son Resultados, algo que sucede, la entidad fundamental observable con una realidad física, los eventos se hacen para lograr un fin.

Relatividad (Cualidad o estado de ser relativo): Algo que es relativo. El estado de ser dependiente para la existencia o determinar en la naturaleza, el valor o la calidad por relación a otra cosa. Algo que se basa en los 2 postulados. 1. Que la velocidad de la luz en el vacío es constante e independiente de la fuente u observada. 2. Que las formas matemáticas de las leyes de la física son invariantes en todos los sistemas inerciales y que lleva a la afirmación de la igualdad de masa y energía y del cambio de masa, dimensión y tiempo con el aumento de la velocidad.

Algoritmo de Nivel Superior de la Función Humana

Instrucciones: Por favor, lea este algoritmo tal y como está escrito. Puede ser leído por uno mismo o, entregado en grupo por un instructor. Recuerda que un algoritmo es un procedimiento paso a paso para resolver un problema o lograr algún fin, un conjunto explícito de reglas para resolver un problema. Suele ser beneficioso escribir sobre su experiencia después de este ejercicio. Disfrute.

Hay niveles de función que tienen la capacidad de pensar para cada uno de los otros niveles de la función humana.

Estos niveles que tienen esta capacidad son:

Primero: Identidad

Segundo: Comunicación

Tercero: Creación

Cada uno de ellos son totalidades de nivel superior y como tal cada una de estas totalidades tiene tres elementos diferentes. Estos tres elementos diferentes deben corresponder entre sí para funcionar correctamente. Los elementos se corresponden entre sí a través de algoritmos. Los algoritmos ayudan a los diferentes elementos a interactuar de forma interdependiente. El simple hecho de leer y pensar en estos algoritmos puede ayudar al subconsciente y al consciente a centrarse en el potencial de nuestros niveles humanos de funcionamiento.

Primero decida y enfóquese en una gran identidad de sí mismo. Esta identidad puede ser cualquier cosa que usted elija. Cree en su mente o imagine una identidad increíble con rasgos y conocimientos maravillosos, con grandes sabidurías y discernimientos. Cree o imagine crear una identidad suya con gran éxito, con sabiduría y conciencia para aprender y crecer fácilmente de cualquiera de los desafíos de la vida. Un fuerte en mente, emoción y habilidad para crear lo que usted decida. Una identidad de usted tan grande como nunca se ha atrevido a imaginar antes, cree esta identidad de usted ahora y asienta con la cabeza cuando haya imaginado esta identidad de este increíble éxito de usted.

(Espera un momento dependiendo del tamaño del grupo y luego di "Gracias")

Identidad

Concéntrese en esta identidad de usted, tal como la ha creado o imaginado en su mente. Esta increíble identidad de si mismo. Su identidad con rasgos maravillosos, conocimiento, grandes sabidurías, éxito, conciencia de aprendizaje y crecimiento de todos y cada uno de los desafíos de la vida. Concéntrese en esta identidad de usted como usted, imagínese como esta identidad. Gracias. Ahora, por favor... enfóquense en la personalidad de esta identidad de ustedes. La personalidad de esta identidad tuya.

(Pause un momento)

Ahora, por favor, concéntrese en la Mente de esta identidad suya.

La mente de esta identidad de ustedes con rasgos maravillosos, conocimiento, grandes sabidurías, éxito, conciencia de aprender y crecer a partir de todos y cada uno de los desafíos de la vida. Concéntrese en los pensamientos, los procesos de pensamiento de la mente de esta identidad suya.

(Haga una pausa por un momento)

Ahora concéntrese en la personalidad de esta identidad, sólo la identidad de usted con la personalidad de esta identidad. Ahora concéntrese en su personalidad como esta identidad. Su personalidad es increíble con rasgos maravillosos, con conocimiento, grandes sabidurías, éxito, conciencia de aprendizaje y crecimiento de todos y cada uno de los desafíos de la vida. Gracias. Ahora, si lo desea, concéntrese en la mente de esta identidad suya y concéntrese también en la personalidad de la mente de esta increíble identidad suya. Su identidad con rasgos maravillosos, conocimiento, grandes sabidurías, éxito, conciencia de aprendizaje y crecimiento de todos y cada uno de los desafíos de la vida. Gracias.

(Pause de un momento)

Comunicación

Comunicación. Concéntrese en la comunicación de esta identidad suya con gran éxito, con sabiduría y conciencia para aprender y crecer fácilmente de cualquiera de los desafíos de la vida. Una identidad de sí mismo con fortaleza mental, emocional y capacidad de crear lo que decida. Una identidad suya como nunca se ha atrevido a imaginar antes, cree esta identidad suya ahora y asienta con la cabeza cuando haya imaginado esta identidad de este increíble éxito. Concéntrese en la comunicación de este usted. Gracias.

Ahora, si lo desea, concéntrese en el proceso de información de esta identidad suya con las comunicaciones de esta identidad. El proceso para la comunicación de esta identidad comunicando, su procesamiento de información. Gracias.

Ahora, concéntrate en la función emocional de esta identidad suya con gran éxito, con sabiduría y conciencia para aprender y crecer fácilmente de cualquiera de los desafíos de la vida. Con fortaleza mental, emocional y capacidad de crear lo que usted decida. Concéntrese o imagine la función emocional de esta identidad para comunicar su procesamiento de la información. Gracias.

Ahora, de ser posible, concéntrese en el procesamiento de la comunicación-información de esta identidad suya. Ahora, si puede por favor, concéntrese en el procesamiento de información de las identidades, sólo en su procesamiento de información para sus comunicaciones. Ahora concéntrese en la función de emoción de esta identidad y en el procesamiento de información de esta función de emoción para esta identidad suya. Gracias.

Ahora, de ser posible, concéntrese en la comunicación de esta identidad suya y en la función de emoción de la comunicación de esta identidad suya. Ahora enfócate en el procesamiento de la información de esta identidad tuya y enfócate en la función de la emoción de este procesamiento de la información de esta identidad tuya. Gracias. Ahora, por favor, concéntrese sólo en la función de la emoción de esta identidad suya.

(Pausa de un momento)

Creación

Ahora concéntrese en las creaciones que esta identidad suya puede hacer. Esta identidad suya con maravillosos rasgos y conocimientos, con grandes sabidurías y discernimientos. Usted con gran éxito, con sabiduría y conciencia para aprender y crecer fácilmente de cualquiera de los desafíos de la vida. Una identidad suya con fortaleza mental, emocional y capacidad de crear lo que decida. Una identidad suya como nunca antes se había atrevido a imaginar. Concéntrese ahora en todo lo que esta identidad suya puede crear. Gracias. Ahora, por favor, enfóquese en los comportamientos de las creaciones reales que esta identidad puede crear para usted. Gracias. Ahora, por favor, concéntrese en el cuerpo de las creaciones que esta identidad puede crear para usted. Concéntrese en los cuerpos de las creaciones que esta identidad puede crear para usted. Ahora, por favor, concéntrese en la creación de esta identidad suya y concéntrese en los comportamientos de creación de esta identidad. Gracias. Concéntrese en el cuerpo de esta identidad de las creaciones propias y concéntrese en los comportamientos del cuerpo. Ahora, concéntrese en la creación de esta identidad propia y en su cuerpo. Gracias. Ahora, concéntrese en los comportamientos de los cuerpos de esta creación de esta identidad suya. Ahora, por favor, céntrate en el cuerpo de las creaciones de esta identidad suya. Este "tú" con maravillosos rasgos y conocimientos, con grandes sabidurías y discernimientos. Este "Tú" con gran éxito, con sabiduría y conciencia para aprender y crecer fácilmente de cualquiera de los desafíos de la vida. Una persona fuerte de mente, emoción y capacidad de crear lo que decida. Una identidad suya como tal vez nunca se haya atrevido a imaginar antes. Gracias.

Capítulo 6

LA GRAVITACIÓN Y LOS FENÓMENOS DE ACELERACIÓN RELACIONADOS

Continuo Espacio/Tiempo: Un Todo coherente, caracterizado como una colección, secuencia o progresión de Valores, o Elementos, que varían en grados mínimos. "El Bien y el Mal se sitúan en los extremos opuestos de un Continuo en lugar de describir las 2 mitades de una línea" (Wayne Shumaker). El conjunto de los Números Reales que incluye tanto los racionales como los irracionales, un conjunto compuesto que no puede ser dividido en 2 conjuntos. Ninguno de los cuales contiene un punto límite del otro. Un Todo coherente; progresión ilimitada de valores y elementos que varían en grados mínimos. La gravitación no existe en la tierra, en el suelo de la carretera o en la goma de los neumáticos. Ninguna de estas cosas tiene gravitación hacia ellas, en ellas, ni sobre ellas. La gravitación es una interacción entre objetos. El espacio es una extensión tridimensional ilimitada, en la que los objetos, eventos, condiciones o procesos ocurren y tienen posición y dirección relativas (Espacio y Tiempo infinitos).

Condición: Una premisa de la que depende el cumplimiento. El Evento en sí mismo está determinado por la Condición. La condición es esencial para que aparezca o se produzca la Función del Propósito. La condición puede restringir o modificar el estado del Propósito. El cambio de la Condición lleva o pone el Acontecimiento en un estado específico; adaptando y modificando, por lo que una Acción o Acontecimiento asociado a uno pasa a estar asociado a otro. La condición puede elevarse o cambiarse haciendo algo adicional.

Proceso o "Proceso del Tiempo": Fenómeno Natural marcado por cambios graduales que conducen a resultados particulares. Actividad o función natural continua con acciones que conducen a un fin. La parte prominente o proyectiva de una estructura viva, que integra los datos sensoriales para que se genere la acción (respuesta automática).

Principio de Realidad: El principio de realidad trabaja con el principio de unidad y correspondencia tanto consciente como subconscientemente. Conscientemente, creamos nuestra propia realidad basada en las cosas que percibimos. También podemos ver una película o leer un libro y entristecernos, enfadarnos o asustarnos, aunque sólo sea un libro o una película. Inconscientemente, no sabemos la diferencia entre lo real y lo imaginario, simplemente es así.

Principio de integridad: El principio de integridad es una fuerza unificadora en cada uno de nosotros que nos mantiene unidos. La unificación interior proviene del macrosistema que nos permite vivir y crecer. Es un deseo natural de plenitud, unificación y bienestar que viene de cada aspecto inteligente viviente de nuestro ser para ser completo y saludable y formar parte de nosotros. Esta es la razón por la que, lo que resistimos, persiste. Es la fuerza invisible unificadora que promueve la integración de todos los aspectos de nuestro ser. Esta fuerza unificadora es de naturaleza y se basa en nuestra elección fundamental de vivir. Quiere que vivamos, quiere vivir como cada célula individual, y así la propia naturaleza promueve la integración de todas nuestras partes.

La sinergia: La sinergia es el todo mayor que las partes individuales y se aplica a todo. Las interacciones de dos o más agentes para un todo. Cualquiera que sea el todo, hay tres aspectos que son individuales para el conjunto. Los sistemas que trabajan juntos son sinérgicos. Los sistemas son enemistades o patrones que interactúan entre sí para un proceso. La relación entre las partes es lo fundamental de sus procesos.

El campo consciente está formado por una fuerza unificadora que es inteligente y consciente. El nivel de desarrollo personal de un individuo puede medirse por su capacidad de percibir el campo en sí mismo y en los demás, y la sinergia del conjunto basada en la correspondencia y la unidad de las partes individuales juntas.

Cuando el entorno se desploma, el centro se derrumba, dejándonos sin equilibrio, o sin inocencia. En ningún sentido, no lo reconocemos, ni podemos captarlo como tal. Aquí hay algunos ejemplos y estoy seguro de que usted puede identificar más; la adicción, la enfermedad mental, emocional y física son signos del colapso.

NATURALEZA: Estructuras, patrones, procesos

NATURALEZA: El carácter inherente o la constitución básica de una persona o cosa: Una fuerza creativa y de control en el universo. Una fuerza interior y la suma de tales fuerzas en un individuo. Un tipo y una clase que se distinguen por sus características fundamentales y esenciales. El origen de la condición natural.

ESTRUCTURA: Acción de construir. La disposición en un patrón definido de organización. Disposición de partículas y partes en una sustancia o cuerpo. Organización de las partes dominada por la constitución general y el carácter del conjunto. El conjunto de elementos de una entidad en su relación con los demás. "De", se refiere o es un método en el que cada paso de la solución del problema está contenido en un subprograma separado.

PATRÓN: Forma o patrón propuesto para la imitación. Una configuración natural o casual. Una muestra fiable de rasgos, actos, tendencias y otras características observables. Un sistema coherente discernible basado en la interrelación prevista de las partes componentes. Incidencias frecuentes o generalizadas.

PROCESOS: Progresar, avanzar, estar en curso y proseguir. Fenómeno natural marcado por cambios graduales que conducen a un resultado particular con una actividad o función natural o biológica continua. Parte prominente o saliente de la estructura que se somete a un proceso especial. Someter o manejar mediante un conjunto de procedimientos rutinarios establecidos.

Matriz de correspondencia: MAPA

La Integración es el Proceso de "Unidad" Devi (aciones a Multiplicando)

La correspondencia rige la función

LEYES FÍSICAS Y TEORÍA HUMANA HOLOGRÁFICA

Similitud: Ampliar

Unidad: Tomar Anomalías que se desvían y ponerlas en paralelo para que se vuelvan más similares y poder aumentar la capacidad dentro de cualquier sistema dado.

Correspondencia: La correspondencia rige la función. La naturaleza que tiene partes o procesos en cualquier nivel, de la misma forma o figura resuena como uno. Las partes similares cambian juntas. Ejemplo: Dos electrones, cuando uno cambia su espín, el otro también lo hace. La Totalidad de las partes relacionadas que están en un todo complejo naturalmente se corresponden y se afectan mutuamente, dejando el Multiplicador sin cambios.

¡El Sistema Humano ES UN SISTEMA COMPLETO y puede unificar partes que son muy diferentes!

Integración/Sistemas Integrados: Los Elementos y la Función están interrelacionados y son interdependientes de otros Elementos y Funciones. Cambiar un Elemento de un Sistema Integrado afecta al resto de la totalidad del sistema. La integración es el proceso de hacer el Todo y esto funciona debido a los Principios de Correspondencia, Unidad, Realidad y Totalidad. Hay 4 tipos de Sistemas o Modelos de Integración: 1) Simbólico, 2) Energético, 3) De todo el cuerpo, 4) Lingüístico. La integridad es la condición de estar entero o completo; integrar es el proceso de hacer el Todo. La integridad existe porque la estructura y los procesos de los Sistemas Naturales están Unificados de manera que las partes trabajan juntas en Paralelo, Similitud y Correspondencia.

Saltos Cuánticos e Infranqueabilidad

La infranqueabilidad tiene que ver con la elección. La infranqueabilidad es estar en contra, no ser aceptado, no absorbido, no reconocido y no admitido. La elección es un síndrome de salto cuántico. El síndrome del salto cuántico es un continuo matricial de conjuntos de elementos colocados en un continuo matemático.

Los seres humanos nacen con Quantums; 1 por cada sentido humano: Sonido: Correcto - Vista: Incorrecto

Tacto: Dios - Energía: Sentido del gusto: Vida - Olfato: Muerte

Estos Quantums son dados por Dios y nunca nos dejan aquí en la Tierra. Por mucho que intentemos adormecerlos o silenciarlos, nunca se calman ni desaparecen.

Tenemos un sentido interno de todos estos Quantums, y nos recuerdan constantemente el propósito de ellos y el nuestro. Cuando los aceptamos y los escuchamos, somos felices y más positivos. Cuando intentamos ignorarlos o dominarlos, tenemos dificultades.

Hay tres aspectos diferentes en lo que respecta a la elección: 1) Actuar, 2) No actuar, 3) Dejar que otro actúe. La elección es una opción, alternativa, preferencia, selección y/o elección. Estar dispuesto a dejarse llevar para ser uno mismo con Dios. Alimentar el yo cuando los demás no están dispuestos a elegir ir con usted, eligen quedarse.

La resistencia se produce cuando los quantums asociados no son puenteables. Unir los quantums incorpora la física de la correspondencia. El continuo de los opuestos y la oposición tomando un elemento de cada conjunto y sumándolo a los demás elementos del mismo u otro conjunto.

Unir los quantums te lleva a un punto de Transformación. Al tender un puente sobre los quantums, se tiende un puente desde el lado izquierdo hacia el lado derecho. Comenzando desde la parte superior del Mapa hacia la parte inferior del mismo. Combinando lo incorrecto con lo correcto, el yo con Dios y la muerte con la vida.

Saltos Cuánticos:

➢ Correcto e Incorrecto

Correcto: Que se ajusta o es conforme a la justicia, a la ley. Continúa desde arriba. No falso, genuino. Justo, sano, legal, apropiado, conforme, a lo correcto, de forma correcta. Estar de acuerdo con lo que es justo, bueno o apropiado. Conforme a los hechos o a la verdad.

Incorrecto: No conforme con los hechos o la verdad, equivocado o erróneo. En un curso equivocado, a veces contrario a lo establecido. Acto injusto o perjudicial, que se desvía o altera. Principios, prácticas o conductas contrarias a la justicia, el bien, la equidad o la ley. No correcto o adecuado según un código, norma o convención.

➢ Dios y el Ser

Dios: La realidad suprema o definitiva; el Ser perfecto en poder, sabiduría y bondad que es adorado como creador y gobernante del universo. Un ser u objeto que se cree que tiene más que atributos y poderes naturales y que requiere la adoración humana, que controla un aspecto o parte particular de la realidad.

Ser: El ser total, esencial y particular de una persona. La persona completa de un individuo, la realización o encarnación de una abstracción. El carácter o comportamiento típico de un individuo. La unión de elementos (como el cuerpo, las emociones, los pensamientos y las sensaciones) que constituyen la individualidad y la identidad de una persona. Del mismo carácter en todo momento, del mismo material. En el diccionario se han añadido muchas palabras que empiezan por "yo".

➢ Vida Y Muerte

La vida: La propiedad o cualidad que distingue a la vida. Continuar desde arriba. Es el principio o fuerza que se considera que subyace a la cualidad distintiva de los seres animados. La secuencia del proceso físico e de la vida. Una fase específica de la existencia terrenal. La forma o patrón de algo existente en la realidad.

Muerte: El acto de morir, la terminación de la vida. Cese permanente de todas las funciones vitales. La causa u ocasión de la pérdida de la vida.

Estas síntesis con:

Sonido; Lo Correcto

La vista; Lo Incorrecto

Tacto; Dios

Energía; Ser

Olfato; Muerte

Gusto; Vida

Los Saltos Cuánticos son un Continuum. Un continuum es un conjunto coherente caracterizado como una colección, secuencia o progresión de valores o elementos que varían en grados mínimos. "Lo bueno y lo malo se sitúan en los extremos opuestos de un continuum en lugar de describir las dos mitades de una línea" (Wayne Shumaker). El conjunto de los números reales incluye ampliamente tanto los racionales como los irracionales; un conjunto compacto que no puede separarse en dos conjuntos. Ninguno de ellos contiene un punto límite del otro. Es continuo.

Mente: Lo correcto y lo incorrecto

Emoción: Dios y el Ser

Cuerpo: Vida y Muerte

Dos saltos cuánticos cada uno.

Capítulo 7

TEORÍA DE LA TRANSFORMACIÓN HUMANA

Los seres humanos tienen características y atributos representativos de debilidades, simpatías, fortalezas, y por la naturaleza de sus mentes pueden procesar y evaluar sus vidas y muchas otras cosas. Tienen una existencia consciente y pueden percibir y concebir otras cosas en una existencia real. Los humanos, por su propia naturaleza han transformado sus acciones y procesos. No sólo nuestro mundo, incluso el ADN de muchos otros seres vivos.

Para transformar, la clave de la fórmula que afecta a la Transformación es la FUNCIÓN. La función es una operación literal que convierte una cosa en otra (por eliminación, inserción o permutación). La modificación genética se produce en una bacteria, mediante la inserción de ADN procedente de otra célula bacteriana. La permutación es el acto o proceso de cambiar; reordenar el orden lineal de un conjunto ordenado de objetos, y/o la disposición ordenada de un conjunto de elementos. La permutación es un cambio fundamental de carácter o condición, basado principalmente en la reordenación de los elementos existentes (Matriz Matemática).

La correspondencia es la ley que rige este proceso de FUNCIONAMIENTO. La integración es un proceso de unificación (unidad). El ser humano se transforma e integra por naturaleza. Su sentido inherente de lo correcto y lo incorrecto, de acuerdo y determinado por su propia naturaleza. La permutación es un cambio importante o fundamental, como en el carácter o la condición, basado principalmente en la reordenación de los elementos existentes. Cambiar, por acto o proceso, el orden lineal de un conjunto ordenado o reordenado de carácter o condiciones.

Integrar se refiere al proceso de hacer la totalidad o llegar a ser la totalidad. La integridad existe porque la Estructura y los Procesos de los Sistemas Naturales están Unificados de manera que hacen que las partes trabajen juntas en Paralelo, a través de Similitudes y Correspondencia (Natural, Verdadera Función Propia). La Unidad se basa en la ley Universal, "Unicidad", una totalidad de partes relacionadas; una entidad que es un todo completo o sistemático (Elementos Interrelacionados).

Ley de la similitud: La cualidad o estado de ser similar. La correspondencia es la Ley Natural que rige este Proceso. Semejante en la sustancia o en lo esencial, en la estructura y en los procesos. Con características comunes, estrictamente comparables. Isomorfo, Homeomorfo, es decir, para ampliar. Aquí es donde el Modelo Matricial entra en la Teoría de la Transformación. Tomando Correspondencias Similares y Unificándolas para que sean Una al Agregarlas (Insertarlas) en el Sistema Completo.

Integridad: Las Estructuras y los Procesos de los Sistemas Naturales se unen para trabajar en Paralelo, basados en Similitudes y Correspondencias. Integración, Conceptos y Principios, Modelos y Programas Interrelacionados e Interdependientes. Correspondencia es que las Partes o Procesos de la misma forma resuenan como uno. Unidad es la Continuidad de las Desviaciones sin Desviación o cambio como en el Propósito de las Acciones, Eventos, Condiciones o Procesos. Estos deben basarse en el Multiplicador, el Propósito Original o la Totalidad y el Principio de Integridad.

Ley de correspondencia: Una similitud particular, una relación entre conjuntos en la que cada miembro de un conjunto se asocia con uno o más miembros del otro. Corresponder significa responder juntos para reaccionar al unísono y al mismo tiempo. La naturaleza racionaliza los sistemas haciendo que las partes o los procesos con la misma forma resuenen como uno solo. El principio de correspondencia es la unión de partes similares. Este proceso de Correspondencia de partes o procesos similares que se unifican gobierna la Función y el cambio de la Función causa la Transformación. La correspondencia ocurre dimensionalmente por la dirección, el cuestionamiento y el modelado. Las partes similares cambian juntas.

La Función representa el PROPÓSITO de una acción específicamente ajustada o utilizada o para la que existe algo (Grupos de Elementos o acciones relacionadas que contribuyen a una acción mayor). Una correspondencia matemática que asigna exactamente un Elemento de un conjunto a cada Elemento del mismo u otro conjunto. Una variable (como cualidad, rasgo o medida), que depende y varía con otra. La función se relaciona con el rendimiento. La correspondencia rige la Función.

La palabra "De", se utiliza para representar la Función, "De" indica el Material Componente, Partes, Elementos, o Contenido. "De", como palabra de Función, indica una parte o punto de Recuento, Origen o Derivación, así como una Causa, Motivador o Razón. La palabra "De" se utiliza para indicar un conjunto o cantidad de la que se quita (Borra) o se amplía (Inserta) o se reordena (Permuta) una Parte, para indicar Relaciones (Correspondencia) entre un resultado determinado por una Función u Operación (Proceso) y una entidad básica (como variable independiente), para indicar posesiones características o distintivas, posesión en el Tiempo. Otras formas de usar la palabra "De" indicando Función: como por, en cuanto a, sobre, acerca de, perteneciendo. La función es el propósito original de cualquier cosa en la existencia; todo tiene una función dentro de ella. La correspondencia es la concordancia de las cosas entre sí dentro del sistema para mantener el propósito y la función originales del sistema. Cuando las cosas no se corresponden, se vuelven disfuncionales. A través de la correspondencia, todas las cosas funcionan correctamente sobre la base de su propósito original. La disfunción es el resultado de que el Origen, el Propósito, el Proceso, se desvíen de sí mismos, otra forma es decir cuando se salen de la vía. Desviarse de sí mismo en el mismo Sistema. La acción para desviar la Estructura o el Proceso puede ser tomada por un Evento, Condición o Proceso, multiplicado en el Propósito y/o la Totalidad.

Evento: Entidad fundamental de la realidad física que se observa y que está representada por un punto designado por 3 coordenadas de Lugar y 1 de Tiempo en el Continuo Espacio-Tiempo postulado por la Teoría de la Relatividad. Los eventos o acontecimientos son Resultados, algo que sucede, la entidad fundamental observable con una realidad física. Los eventos se realizan para conseguir un fin.

Relatividad: Cualidad o estado de ser relativo. Algo que es relativo. El estado de ser dependiente para la existencia o determinado en la Naturaleza, el Valor o la Cualidad, por relación a otra cosa. Algo que se basa en los 2 postulados: 1. Que la velocidad de la luz en el vacío es constante e independiente de la fuente o del observado. 2. Las formas matemáticas de las leyes de la física son invariantes en todos los sistemas inerciales y que lleva a la afirmación de la igualdad de la masa y la energía y del cambio de masa, dimensión y tiempo con el aumento de la velocidad. Una extensión de la Teoría para incluir la gravitación y los fenómenos de aceleración relacionados.

Continuo Espacio/Tiempo: Un Todo coherente, caracterizado como una colección, secuencia o progresión de Valores o Elementos, que varían en grados mínimos. "El Bien y el Mal se sitúan en los extremos opuestos de un Continuum o Continuo en lugar de describir las 2 mitades de una línea" (Wayne Shumaker).

El conjunto de los Números Reales que incluye tanto los racionales como los irracionales, un conjunto compuesto que no puede ser dividido en 2 conjuntos que no contengan un punto límite del otro. El espacio es una extensión tridimensional ilimitada en la que los objetos y los acontecimientos, las condiciones o los procesos ocurren y tienen posición y dirección relativas (Espacio y Tiempo infinitos).

Condición: Una premisa de la que depende el cumplimiento. El Evento en sí mismo está determinado por la Condición. La condición es esencial para que aparezca o se produzca la Función del Propósito. La condición puede restringir o modificar el estado del Propósito. El cambio de la Condición lleva o pone el Acontecimiento en un estado específico; adaptando y modificando, por lo que una Acción o Acontecimiento asociado a uno pasa a estar asociado a otro. La Condición puede elevarse o cambiarse haciendo algo Adicionalmente.

Proceso/Proceso del Tiempo: Fenómeno Natural marcado por cambios graduales que conducen a resultados particulares. Actividad o Función Natural Continua, que conduce Acciones que desembocan en un fin. El Proceso es la parte prominente o proyectiva de una Estructura viva que luego integra los Datos Sensoriales, por lo que se genera la Acción y la Respuesta Automática.

La correspondencia rige la función; la función es el propósito original de todo lo que existe; todo tiene una función dentro de él. La correspondencia es la concordancia de las cosas entre sí dentro del sistema para mantener el propósito y la función original de los sistemas. Cuando las cosas no se corresponden, se vuelven disfuncionales. A través de la correspondencia, todas las cosas funcionan correctamente en base a su propósito original. La correspondencia es la forma en que las cosas se comunican entre los elementos propios y su entorno. Sin correspondencia entre todas las cosas con alguna similitud se produce un deterioro. La correspondencia no es sólo comunicación. Es un acuerdo de la estructura, patrones y procesos con la naturaleza de la comunicación entre cosas similares.

Los órganos de nuestro cuerpo deben comunicarse entre sí, los miembros de una familia deben comunicarse entre sí y los entornos de trabajo deben también hacerlo. La correspondencia es la física de la comunicación. Una clave para lograr una mayor correspondencia y ser más abierto, es crear formas de aumentar el flujo de información a través de todo el sistema, la Comunicación. Todo tiene una función para la que existe o la razón por la que se ha hecho. Esto también es aplicable a las experiencias de nuestra vida, suceden por una razón, tienen un propósito y cumplen una función. Cuando tenemos problemas con respecto a los problemas de nuestra vida, estamos luchando contra la función que cumplen los problemas en lugar de aceptar la función del problema. El hecho es que cada parte del sistema correspondiente en conjunto hace que el sistema sea un todo y el todo es mayor que cualquier parte. Cada aspecto, o elemento de cualquier sistema tiene una función y un propósito para el sistema, como un todo y la correspondencia es la física del sistema siendo un todo. La correspondencia es la física cuántica del sistema que es un total, un todo, en sí mismo. Algo así como la "inteligencia artificial", simplemente así es. Tome cualquier Todo (Totalidad), combine sus elementos a través de los elementos de correspondencia y los elementos simplemente trabajarán juntos de forma natural por su propia naturaleza. Para corresponder los elementos, Wayne Schumaker creó un continuum en un patrón de algoritmos a partir de la totalidad de cualquier sistema dado. Un algoritmo es un procedimiento para resolver un problema matemático en un número finito de pasos que a menudo implica la repetición de una operación. Un algoritmo es un procedimiento paso a paso para resolver un problema o lograr algún fin, un conjunto explícito de reglas para resolver un problema. Un Continuum trabaja con el proceso de algoritmos para la correspondencia en la física cuántica como una medida matemática de la calidad y el rasgo de los elementos de la función dentro de cualquier sistema dado. Una correspondencia matemática asigna exactamente un elemento de un conjunto, a cada elemento del mismo, o de otro conjunto. Una variable como cualidad, rasgo o medida, que depende y varía con otra. Este proceso matemático crea un patrón de coherencia entre los diferentes elementos a lo largo del continuo.

PREGUNTAS CUÁNTICAS Y EL ALGORITMO

Instrucciones: Identifique y escriba el problema o desafío, la oportunidad o el objetivo en el que está trabajando. A continuación, responda a las siguientes preguntas utilizando la regla de los 2 segundos. A continuación, lea el algoritmo de elementos un número impar de veces. A continuación, a menudo resulta útil escribir libremente una respuesta. En un entorno grupal, el instructor indicará a los participantes que escriban en un papel el problema, la oportunidad o el objetivo en el que están trabajando individual o colectivamente. A continuación, el instructor formulará las preguntas mientras los participantes escriben sus respuestas siguiendo la regla de los dos segundos. A continuación, el instructor dirigirá a los participantes para que se centren en sus propias respuestas a las preguntas, mientras están abiertos al algoritmo que lee el instructor en voz alta. A continuación, el instructor indicará a los participantes que empiecen a escribir libremente una respuesta sobre su experiencia.

NOTA: La coma indica otra totalidad o elemento, y un guión indica un elemento añadido a otro elemento y se habla con énfasis de su interrelación-interdependencia. El signo / indica un nuevo conjunto de algoritmos con la totalidad del algoritmo.

PREGUNTAS CUÁNTICAS Y EL ALGORITMO (TÉCNICA)

Preguntas Cuánticas

¿De qué soy frágil? ¿Por qué soy frágil en esto?

¿Qué hay de correcto en mis debilidades? ¿Por qué mis debilidades pueden ser incorrectas?

¿Sobre qué tengo dudas en relación con mis debilidades? ¿Cuáles son correctas?

¿Por qué estoy inseguro acerca de estas cosas parecidas a las debilidades? ¿Por qué algunas son Erróneas?

¿De quién son mis simpatías? ¿Quién las relaciona con Dios?

¿Sobre cuáles de estas Simpatías actúo o intuyo? ¿Cuáles de ellas son sólo de mí mismo?

¿Quiénes de mis Simpatías se relacionan actualmente con mi Duda y mi duda sobre Dios?

¿Cuáles de mis simpatías y acciones o intuiciones son de mi duda actual o sobre la misma?

¿Cuáles son sólo de mí mismo?

¿Cómo afectan mis creencias limitantes a mi vida? ¿Cómo afectan mis creencias limitantes a mi muerte?

¿En qué medida mis creencias limitantes van a marcar la estrategia de mi muerte? ¿Y mi vida? ¿Cómo ayudarán mis puntos fuertes a mi vida? ¿Y a mi muerte?

¿En qué medida mis fortalezas ayudarán a mi vida? ¿Y mi muerte?

Algoritmos Cuánticos

Qué, por qué- qué, cuándo- qué, Qué- por qué, cuándo- por qué.

Qué- cuándo, por qué- cuándo, cuándo, Quién- cuál, cuándo- quién. Quién- cuál, cuál, cuándo- cuál, Quién- cuándo, cuál- cuándo, cuándo. Cómo, dónde- cómo, cómo- dónde, cuándo- dónde, cómo- cuándo, dónde- cuándo, cuándo.

Correcto, Incorrecto- correcto, Cuándo- correcto. Correcto-incorrecto, Incorrecto, Cuando-incorrecto. Correcto-cuando, Equivocado-cuando, Cuando.

Dios, Ser-Dios, Cuándo-Dios. Dios- Yo, Yo, Cuando- Yo. Dios-cuando, Ser-cuando, Cuando.

Vida, muerte-vida, cuando-vida. Vida-muerte, muerte, cuando-muerte. Vida-cuando, muerte-cuando, cuando.

Capítulo 8

PRINCIPIO DE REALIDAD Y TRANSFORMACIÓN

El Principio de Realidad trabaja con el principio de unidad y correspondencia tanto de forma consciente como subconsciente. Conscientemente, creamos nuestra propia realidad basándonos en las cosas que percibimos. También podemos ver una película o leer un libro y entristecernos, enfadarnos o asustarnos, aunque sólo sea un libro o una película. Inconscientemente, no sabemos la diferencia entre lo real y lo imaginado, simplemente es así.

Principio de Totalidad: Hay una fuerza unificadora en cada uno de nosotros que nos mantiene unidos, la Unificación Interna viene del Macro-Sistema con el fin de vivir y crecer. Es un deseo natural de plenitud, de unificación, de bienestar, que viene de cada aspecto viviente e inteligente de nuestro ser para estar completo y sano y ser parte de nosotros. Por eso, lo que se nos resiste, persiste. La fuerza unificadora que promueve la integración de todos los aspectos de nuestro ser. Esta fuerza unificadora es de naturaleza y se basa en nuestra elección fundamental de vivir. Quiere que vivamos y quiere vivir como cada célula individual y así la propia naturaleza promueve la integración de todas nuestras partes. La sinergia es esta fuerza unificada como uno, el todo mayor que las partes individuales, esto se aplica a todo. Las interacciones de dos o más agentes para un todo. El todo es el propósito y la función del sistema y la razón de ser de cada parte. Cualquiera que sea el todo, hay tres aspectos que son individuales al todo y cada uno de estos tres aspectos puede tener diferentes partes dentro de ellos. Los sistemas que trabajan juntos son sinérgicos. Los sistemas son enemos o patrones que interactúan entre sí para un proceso. La relación entre las partes es lo fundamental de sus procesos. La relación entre cada parte es la Correspondencia, la integración final de cada aspecto individual del todo en la función y el propósito mayor basado en el propósito y la función de cada parte individual.

El campo consciente está formado por una fuerza unificadora que es inteligente y a la vez consciente. El nivel de desarrollo personal de un individuo puede medirse por su capacidad de percibir el campo en sí mismo y en los demás y la sinergia del todo basada en la correspondencia y la unidad de las partes individuales juntas.

TÉCNICA DE TRANSFORMACIÓN DE LA TOTALIDAD

Determine de la lista de TOTALIDADES, cuál es la específica que utilizará para realizar esta técnica. Escriba en 3 papeles distintos las Funciones (Elementos) de la Totalidad y colóquelas en el suelo en el orden 1, 2 y 3. Están listados en su orden correcto en la página que enumera las Totalidades. Asegúrese de tener espacio entre cada papel para dar uno o dos pasos, ya que pasará de uno a otro a través de esta técnica.

Póngase de pie, con espacio para dos pasos entre usted y la primera (Elemento) Función en el suelo.

"Ahora, imagine o intente imaginar, colocando las experiencias de toda su vida entre usted y la primera Función (Elemento) posicionada en el suelo". (Haga una pausa y obsérvelos, dándoles tiempo para que coloquen esto en el suelo).

"Ahora no, pero dentro de un momento, les indicaré que recorran las experiencias de su vida y se coloquen en la primera Función (Elemento) colocada en el suelo, frente a ustedes. Cuando llegue a la primera Función, se parará allí, con los ojos abiertos o cerrados, eso depende enteramente de usted. Lo guiaré a través del proceso de la Función (Elemento) para esta primera Función con respecto a la experiencia de su vida. Gracias, por favor, recorra la experiencia de su vida ahora y deténgase en la primera Función (Elemento)".

(Haga una pausa y concédales un momento para que lo hagan).

"Ahora no, pero en un momento, lo guiaré a través de los procesos de esta primera Función (Elemento). Estos son Filtros en el subconsciente y este primer filtro es Percepción, Identidad y Personalidad. Estos son de su Pasado y ahora pueden elegir de ustedes mismos los Datos de su experiencia de vida para que los usen para expandir su Personalidad, su Identidad, de su elección. Los símbolos, fechas, sonidos, vistas, intuiciones, texturas, olores y sabores y energías. Todo esto en símbolos simples o complejos de su elección, y colocando estos símbolos en una estructura interna de rasgos de carácter, rasgos mentales y emocionales. Ampliando y uniendo todos los símbolos y representaciones de base similar. Tomando símbolos y todos estos Datos, de su elección y notando cualquier símbolo de estos para usted los cuales podrían desviarse de los otros símbolos e imaginar o intentar imaginar el ajuste de los Diferentes símbolos para que se vuelvan más similares entre sí, más similares con la colección de símbolos que usted ha elegido. Estos son los filtros de su percepción, para su identidad, para su personalidad, como usted elige ser. "(Concéntrese en sus instrucciones incluyendo las Funciones de la Totalidad que ellos han puesto en el suelo en su diálogo de instrucciones para ellos mientras los guía a través de cada paso en su diálogo). (Haga una pausa y permítales un tiempo para completar este proceso, podría repetir algunas de las instrucciones para ayudarlos a completar este primer paso). (Cuando hayan completado este paso, asegúrese de darles las gracias. A continuación, continúe con las instrucciones de la técnica).

"Ahora, por favor, tomando toda la colección de símbolos, sentidos y Datos que ha elegido para su Identidad, Personalidad y Percepciones con respecto a toda la experiencia de su vida, imagine o intente imaginar que coloca todo esto en el suelo frente a usted, entre usted y el segundo Filtro que ha colocado en el suelo. Y después de haber hecho esto de nuevo, recorriendo todos estos Datos de la experiencia de su vida, recorra todo esto y párese sobre el segundo Filtro colocado en el suelo, frente a usted." (Haga una pausa, dándoles tiempo para completar este proceso. Nuevamente, puede repetir las instrucciones y hacer una pausa, dándoles tiempo para completarlo. Cuando lo hayan hecho y hayan recorrido su experiencia de vida y estén de pie sobre el segundo filtro, continúe con las instrucciones dialogadas).

"Gracias. Ahora, estos Datos que usted elija imagínelos, o intente imaginarlos haciendo modelos y diferentes patrones de estos Datos y símbolos. Cree sus propias frases, diálogos, información sobre estos símbolos y los Datos. Unifique e integre los Datos en diálogos, frases para información interna destinada a usted, pueden convertirse naturalmente en diálogos y frases e información, algunos pueden requerir su asistencia para relacionarse con algunos de los otros modelos y patrones y puede imaginar o intentar imaginar que multiplica algunos con símbolos comunes y diálogos de su elección para su propósito para la experiencia de su vida. Notando cualquier desviación o anomalía e integrándolas con los múltiplos comunes para crear sus frases, su diálogo para su información. Para su procesamiento interno para sus momentos presentes para sus experiencias. Su diálogo y frases de los Datos crean Nuevas Teorías para su experiencia de vida. Nuevas aplicaciones y uso productivo para usted personalmente de la información. Crear patrones significativos para usar en cada momento de su vida, construidos sobre las Nuevas Teorías de su vida, nuevas aplicaciones para que experimente. Crear patrones de comunicación para estas Nuevas teorías y modelos, para que puedan interactuar y relacionarse entre sí y estar en correspondencia con sus Nuevas Teorías para las Nuevas experiencias de su vida.

Reacomodando cualquier información que escoja para crear cualquier Nueva Teoría que elija crear para las experiencias de su vida". (Añada cualquier otro aspecto relacionado con el proceso de filtrado específico que hayan elegido y en el que estén parados, dialogando esto también con sus instrucciones y guiándolos).

(Puede volver a leer las instrucciones, ya que tardan un poco en procesar esta parte de la técnica. Concédales mucho tiempo para hacerlo y repita las directrices para ayudarlos. Haga una pausa y lea hasta que indiquen que han completado estas instrucciones. Recuerde que pueden imaginarse haciendo el proceso o incluso sólo fingir que lo hacen).

(Cuando hayan completado esta parte de la técnica, agradézcales y continúe con la tercera parte de esta técnica).

Tome los Datos y la Información de la experiencia de sus Nuevas Teorías y colóquelos junto con la otra información de las totalidades (añada aquí también cualquier diálogo específico perteneciente a las Funciones específicas para las Totalidades que han elegido y que están recorriendo). En el suelo, frente a usted, entre usted y el tercer filtro. (Concédales tiempo para hacer esto o para imaginar que lo hacen o para fingir que lo hacen. Puede repetir las instrucciones para ayudarlos en este proceso. Cuando sepa que lo han completado, continúe con la técnica).

"Gracias, Ahora, si es posible, por favor, con todas las experiencias de su vida, filtrando a su elección, continuando con su elección, reúna el Conocimiento, los Discernimientos, las Comprensiones, para la Completitud de su Vida. De su elección, Cree o imagine crear Modelos, Creencias, como usted elija y para que usted use, para compartir con usted mismo, con otros en su vida, para Su Plenitud de Vida. Cree o imagine o pretenda imaginar que crea sus procesos de Lenguaje, sus Comportamientos, la forma de Expresarse y Expandirse, como un Ser Completo, Entero, de su elección. Procese los Datos, la Información, los Diálogos, las Nuevas Teorías, las Experiencias y las Aplicaciones y elija o imagine o pretenda imaginar su Conocimiento de todo esto. Usted elige o imagina elegir, sus Discernimientos de todo esto. Usted puede Expandir las Similitudes y ajustar las Diferencias, puede Agregar o Borrar, de su elección, para sus procesos de Ser y Expresión de su Totalidad. Sus palabras, su colocación en sus Expresiones, sus Hechos, para sus Expresiones, la Representación Completa de la Totalidad de ustedes y de su experiencia de vida, Eligiendo el Conocimiento obtenido, eligiendo la habilidad de Discernir, para Crear su Vida Completa, de acuerdo a su elección como lo Imagina o pretende imaginar que es, de su elección. Cada aspecto, desde los Datos y la Estructura, pasando por la Información y los Patrones, el Conocimiento y los Discernimientos con los Procesos, todos Abiertos entre sí, emparejando Semejantes entre sí, ajustando cualquier Desviación o Anomalía entre sí y volviéndose cada vez más Uno, Completo, Unificado, en un Propósito común, Expresión, Creación, en curso a lo largo de toda su Experiencia y Expresión de vida. Todo lo que usted puede imaginar o pretender imaginar, usted puede Crear y ser Uno dentro de sí mismo, responsable de la Experiencia de su vida. Creando continuamente Nuevos Modelos de Vida, abiertos a la Información y Teorías, recientemente en marcha y Datos y Experiencias y Creando Procesos y Modelos para continuas Nuevas Expresiones en sentido literal y nuevas Creaciones en tu vida." (Déles tiempo para procesar esta parte de la técnica, puede leer esto hasta que hayan completado las instrucciones. Agregue cualquier otra instrucción específica relacionada con la Función específica que han colocado en el suelo).

(Cuando hayan completado esta parte de la técnica, agradéceles y haz que se bajen del último Filtro de Función y vayan a donde empezaron y caminen directamente por el punto de inicio hasta el último Filtro, se bajen de nuevo, vayan al punto de inicio y caminen hasta el final una y otra vez hasta que usted note un cambio subconsciente en ellos).

CAPÍTULO 9

CAMPOS DE LA CONCIENCIA HUMANA

El Sistema Humano está formado por la Mente, las Emociones y el Cuerpo. El Sistema Humano es el conjunto de los otros tres campos que trabajan juntos:

Mente (Mental)

Emoción (Espíritu)

Cuerpo (Físico)

El Principio de Realidad de un sistema como un campo completo compuesto por otros tres campos que trabajan juntos:

Tiempo: Pasado, Presente, Futuro

Familia: Padre, Madre, Hijo

Comunicación: Transmitir, Recibir, Mensaje ç

Realidad: Espacio, Tiempo y Materia

Pecado: Culpa, Vergüenza, Miedo

Amor: Fe, Esperanza, Caridad Fe, Esperanza, Caridad

Curación: Espiritual, Energía, Física

Todas las realidades de nuestro universo están formadas por pequeños átomos. Estos átomos, aunque pequeños, ocupan un espacio. Estos espacios de átomos y materia se llaman Dimensiones. Estas Dimensiones son:

Dimensión: Altura/Vertical, Profundidad/Sagital, Anchura/Lateral u Horizontal Existen cinco niveles de organización humana:

Individual

Familiar

Organizativo

Sociedad/cultura/nación

Global

Naturaleza

Los hologramas son conjuntos y sistemas completos. El universo, por naturaleza, es holográfico y también lo son los seres humanos y el cuerpo humano. La conciencia humana es holográfica al igual que el procesamiento interno y sus modelos resultantes, vienen naturalmente.

Hay tres aspectos de la Naturaleza: Estructura, modelos y procesos.

El mundo se compone de dos sistemas diferentes los sistemas naturales y los sistemas hechos por el hombre.

Existe una forma universal conocida como el modelo de totalidad, compuesto por tres niveles elementales y un nivel de totalidad. Estos niveles se aplican a todo lo vivo.

Naturaleza (Totalidad/Sistema completo)

Estructura (Primer Elemento) Patrones (Segundo Elemento)

Procesos (Tercer Elemento)

La naturaleza se desploma para llevarnos a nuestros patrones y procesos. Todo sistema es un sistema completo, cada parte del sistema tiene su función dentro del mismo para hacer del sistema un sistema completo. Cualquier pieza del sistema que no funcione, no importa la razón, tiene que integrarse dentro del sistema completo para el propósito del mismo. De lo contrario, el sistema caerá en picada o se desplomará. Toda estructura tiene un propósito. De la estructura surgen los patrones y procesos para el propósito y la función. ¿Cuáles son nuestros patrones y procesos? Serán expulsados del centro de uno mismo. Esto es lo que ocurre con el cáncer. Usted se está arrojando fuera de sí mismo y si no regresa al centro de sí mismo, morirá. El cáncer ocurre como una retroalimentación para ser tratado mal. Usted puede no elegir ser tratado de mala manera. La ira viene porque tiene estándares y no los quiere, quiere otros estándares. Quiere tomar otros estándares y conectarlos con los suyos.

El sistema humano (totalidad/sistema completo)

Mente (primer elemento)

Emoción (Segundo Elemento) Cuerpo (Tercer Elemento)

El sistema humano tiene tres funciones básicas:

> Identidad, bases de la identidad y personalidad
> Comunicación /Procesamiento de la información y funciones
> Creación

Dado que los sistemas humanos están integrados, es posible observar el procesamiento de la información humana como movimiento corporal. El movimiento equivale al significado. La naturaleza racionaliza los sistemas haciendo que las partes o los procesos de cualquier nivel que tienen la misma forma resuenen juntos y se correspondan como uno solo. ¿Qué parte del avión vuela o del automóvil funciona? Es la correspondencia de la relación, la unificación, la totalidad lo que permite que el avión vuele, el automóvil funcione y que los seres humanos trabajen correctamente.

Usted no es ninguno de sus sentidos, ni sus órganos internos, ni sus experiencias, ni sus recuerdos, ni sus modelos, ni sus procesos. Usted es la totalidad combinada; todo el sistema totalizado. Esto se conoce como Sinergia. La sinergia se define como el todo que es mayor que la suma de sus partes.

Capítulo 10

TOTALIDADES DE LA TEORÍA DE LA TRANSFORMACIÓN

Basado en la forma en que desarrollamos los Modelos, los Procesos, las Creencias (Visiones del Mundo). A través de la integración, los conceptos, los principios y los modelos funcionan juntos.

HECHOS:

1. Los seres humanos son sistemas naturales

2. Los humanos son sistemas

3. El Sistema Humano está compuesto por elementos y funciones. Las Totalidades del Sistema son una entidad o agregación de elementos y funciones que forman un conjunto completo o totalidad.

Sistema de Aprendizaje Holográfico y Sistema de Salud Holográfico La estructura de la conciencia

Los seres humanos tienen tres campos de conciencia; éstos, juntos, forman al ser humano en su totalidad. Cada campo de conciencia tiene dos sentidos en él. Cada sentido tiene funciones conscientes de nivel superior o abstracto para su uso consciente como un todo.

Mental - Sonido y Vista - Identidad/Personalidad

Emocional - Tacto y Energía - Comunicación

Físico - Gusto y Olfato - Creación

Conciencia de un campo de personalidad: La suma total de todos los movimientos que representan nuestros Procesamientos Internos. Nuestro Campo de Conciencia es el reino de la actividad, región del espacio caracterizada por una propiedad física (como la fuerza gravitacional), donde cada parte de la región tiene un efecto o valor determinable. La Conciencia y la Personalidad Humana, los Sistemas de Información y Procesamiento tienen una dimensión y una ubicación específica. El Campo Mental piensa, razona, reflexiona, lógica, forma jerarquías objetivas; es el centro consciente de nuestro ser. Los Hologramas son Sistemas Integrales (TOTALIDAD), los HUMANOS SON HOLOGRAMAS. La Conciencia Humana es Holográfica, el Procesamiento Interno es un resultado de estos Modelos:

Naturaleza:

➢ Estructura
➢ Patrones
➢ Procesos

El Mundo se compone de dos Sistemas de Totalidad diferentes:

• Sistema Natural
• Sistemas Hechos por el Hombre

TIEMPO (Totalidad):

Pasado (Primer Elemento)

Presente (Segundo Elemento)

Futuro (Tercer Elemento)

El tiempo en sí, es la medida del periodo medible durante el cual existe o continúa una acción, proceso o condición. El tiempo no es espacial, y su continuidad se mide en términos de los acontecimientos que se suceden desde el pasado, a través del presente y hacia el futuro. Uno de una serie de instancias recurrentes o acción repetida cantidades o instancias sumadas o acumuladas. Los acontecimientos, la acción, los procesos o la condición pueden tener una duración finita o infinita.

Se hace referencia al tiempo con diversos usos de palabras como: Sin embargo, Todavía (es el mismo tiempo).

A veces (a intervalos).

Por el momento (por el presente).

De vez en cuando (ocasionalmente).

In no Time: (Muy rápidamente o pronto).

A tiempo (Con suficiente antelación).

Time and again (Con frecuencia, repetidamente).

Todos ellos se refieren a acciones, procesos o condiciones.

El tiempo en sí mismo está diseñado para hacer que las acciones, procesos o condiciones del futuro se conviertan naturalmente en un estado de desorden. Esta es una parte muy natural del tiempo ya que las acciones, procesos o condiciones deben cambiar constantemente para el movimiento del futuro. Hay muchos aspectos que muestran la forma en que la Tierra, la Humanidad, los negocios, la vida misma están cambiando constantemente. El tiempo puede ser utilizado en sí mismo para ser una parte capaz de cambiar el continuum del desorden natural de los movimientos futuros (Tiempo), las medidas entre las acciones, procesos o condiciones. Este Desorden Natural se debe en parte a la energía no disponible en cualquier Sistema Cerrado y cualquier Sistema se convierte en un Sistema Cerrado cuando no está cambiando constantemente entre las mediciones pasadas, presentes y futuras, que es el significado y la Función del Tiempo. La energía no disponible en un Sistema Cerrado variará directamente con cualquier cambio reversible dependiendo del grado de desorden requerido para el grado de cambio de las acciones, procesos o condiciones Futuras dentro de cualquier sistema dado.

LEYES FÍSICAS Y TEORÍA HUMANA HOLOGRÁFICA

Similitud: Expandir.

Unidad: Unidad, identidad, elemento.

Integrar: Unir, Formar, Coordinar en un propósito de funcionamiento.

Correspondencia: Rige la Función. La naturaleza que tiene partes o procesos en cualquier nivel, de la misma forma o figura resuenan como uno. Las partes similares cambian juntas. Ejemplo: dos electrones cuando uno cambia su espín el otro también cambia su espín. La Totalidad de las partes relacionadas que están en un todo complejo naturalmente se corresponden y se afectan mutuamente, dejando el Multiplicador sin cambios.

¡El Sistema Humano ES UN SISTEMA COMPLETO por lo que puede unificar partes que son muy diferentes!

Integración: Los Sistemas Integrados, los Elementos y la Función están interrelacionados y son interdependientes de otros Elementos y de la Función. El cambio de un elemento de un sistema integrado afecta al resto de la totalidad del sistema. La integración es el proceso de hacer el Todo y esto funciona debido a los Principios de Correspondencia, Unidad, Realidad y Totalidad. Hay 4 tipos de Sistemas o Modelos de Integración: 1) Simbólico, 2) Energético, 3) De todo el cuerpo, 4) Lingüístico.

Integridad es la condición de estar Entero o completo. Integrar es el proceso de convertirlo en un todo. La integridad existe porque la estructura y los procesos de los Sistemas Naturales están Unificados de manera que las partes trabajan juntas en Paralelo, Similitud y Correspondencia.

Una forma de lograr una mayor correspondencia y ser más abierto es crear formas de aumentar el flujo de información a través de todo el sistema. Comunicación (Transmitir, Recibir, Mensaje). Como seres humanos, la información llega a nosotros a través de nuestros sentidos humanos. El sentido humano es la forma en que experimentamos nuestras vidas. A partir de nuestra experiencia consciente, a través de nuestros sentidos humanos, creamos modelos de nuestro mundo. Estos modelos se convierten en nuestros pensamientos, sentimientos, comportamientos, nuestras creencias, valores, estilos de vida y circunstancias.

Los dos sistemas básicos de cambio que podemos hacer son el Cambio Incremental y el Cambio Transformativo.

Cambio incremental: Hacer pequeños cambios en diferentes comportamientos o sistemas humanos. Estos cambios incrementales pueden ser interminables.

Cambio incremental:

- Patrones de éxito que exploran las posibilidades de los patrones o sistemas para el cambio. Explorar para encontrar patrones para el éxito.
- Ampliar y mejorar los patrones y sistemas para el cambio. Repetir el patrón una y otra vez.
- El sistema alcanzó su potencial y también muestra sus problemas incorporados y no está abierto a nueva información, datos y retroalimentación.

Cambio Transformativo:

- Patrones de éxito que exploran las posibilidades de los patrones o sistemas para el cambio.
- Ampliar y mejorar los patrones y sistemas para el cambio. Esto suele ser un proceso de repetición de los patrones de éxito o sistemas para el cambio.

➤ Los patrones de éxito consideran las anomalías (problemas incorporados al sistema de éxito desde el principio. La incorporación de nueva información, datos y retroalimentación para el cambio). Aquí es donde los patrones o sistemas de éxito originales están teniendo en cuenta las anomalías ahora evidentes desde el primer paso de los patrones de cambio. Estar abierto a la retroalimentación, a los nuevos datos, a la nueva información y al conocimiento. Abordar las anomalías y crear un nuevo patrón de éxito que aborde las anomalías y pasar al Paso 2 de nuevo. Repite, repite, repite el patrón.

Teoría de la Transformación

Los seres humanos tienen características y atributos característicos de simpatías, fragilidades, fortalezas y por la naturaleza de sus mentes pueden procesar y evaluar sus vidas y muchas otras cosas. Tienen una existencia consciente y pueden percibir y concebir otras cosas en una existencia real. Los humanos, por su propia naturaleza han transformado sus acciones y procesos no sólo de nuestro mundo, incluso el ADN y muchas otras cosas vivas.

Para transformar, la clave de la fórmula que afecta a la transformación es la función. La Función es una operación literal que convierte una cosa en otra. Los componentes de la Función de transformación son:

1. Eliminar
2. Insertar
3. Permutar (reordenar)

La modificación genética se produce en una bacteria mediante la inserción de ADN procedente de otra célula bacteriana.

La correspondencia es la Ley Física que rige este proceso de Función. La Integración es un proceso de Unificación (Unidad).

El ser humano se transforma e integra por naturaleza. Su sentido inherente del bien y del mal, de acuerdo con su propia naturaleza y determinado por ella. Nuestra capacidad de aumentar nuestra Función eliminando, insertando o reordenando cosas en nuestra vida o entorno. La permutación es un cambio importante y fundamental (como en el carácter o la condición) basado principalmente en el reordenamiento de los Elementos existentes. Cambiar por acto o proceso, el orden lineal de y conjunto ordenado o arreglos de carácter o condiciones.

El cambio transformativo es imprevisible sobre la forma en que el sistema será con el cambio transformativo. Se trata de un cambio a nivel de identidad.

Cambio transformador:

1. Patrones de éxito que exploran las posibilidades de los patrones o sistemas para el cambio.
2. Ampliar y mejorar los patrones y sistemas para el cambio. Esto suele ser un proceso de repetición de los patrones de éxito o sistemas para el cambio.
3. Patrones de éxito considerando las anomalías (problemas incorporados al sistema de éxito desde el principio. La incorporación de nueva información, datos y retroalimentación para el cambio). Aquí es donde los patrones o sistemas de éxito originales están considerando las anomalías ahora evidentes desde el primer paso de los patrones de cambio. Abrirse a la retroalimentación de nuevos datos, nueva información y conocimientos. Abordar las anomalías, crear un nuevo patrón de éxito que aborde las anomalías y pasar de nuevo al paso 2. Repita, repita, repita el patrón.

Indefenso, sin esperanza, sin valor, son palabras clave que el individuo ya no está viviendo en su propio espacio, entorno, sí mismo. Hay demasiada basura en él para vivir allí. Cuanto más nos acercamos a la estructura, (espacio, entorno, ser) más efectivos somos. Cuanto más nos alejamos, negamos, rechazamos y reprimimos, más abstractos nos volvemos, menos efectivos somos. Por lo tanto, limitarse a pensar o hablar de un problema no sirve de nada. Debemos tratar el modelo o las estructuras del problema y seremos más eficaces.

Los seres humanos, como individuos, han sido creados para autoorganizarse, para tener unidad, correspondencia, similitudes, dentro de sí mismos. Cuando éstos no se escuchan ni reaccionan entre sí, se produce un deterioro. Esto ocurre tanto a nivel individual como en las familias, las comunidades, los países y el mundo. Una vez que el sistema está en deterioro, pasa rápidamente al caos (desorden). En física, el caos es una forma de desorden discontinuo y no lineal, pero no un desorden y una degeneración totalmente aleatorios.

Integridad: La condición de estar entero o completo. Integrar es el proceso de hacer un todo. La integración existe porque la estructura y los procesos de los sistemas naturales están unificados de manera que las partes funcionan juntas en similitud y correspondencia paralelas. El verdadero yo natural.

Teoría de la Transformación Humana, la forma en que desarrollamos modelos, paradigmas y visiones del mundo.

Sistemas de Aprendizaje Holográfico Sistema de Salud Holográfico

Integraciones, conceptos, principios y modelos trabajan juntos.

Hechos:

- ➤ El ser humano es natural
- ➤ Los humanos son sistemas
- ➤ El sistema humano está compuesto por partes o elementos.

Sistema: Una entidad o agregación de elementos o partes que forman un conjunto completo o una totalidad. Los tres elementos del ser humano: 1) Mente, 2) Emociones, 3) Cuerpo

Ley o principio universal, similitud y correspondencia.

Correspondencia: La naturaleza que tiene partes o procesos en cualquier nivel, de la misma forma o figura resuenan como uno.

Principio de Correspondencia: Las partes similares cambian juntas. Ejemplo: 2 electrones, cuando 1 cambió su espín el otro también lo hizo.

Sistemas Humanos (Ser Natural); 3 Funciones Básicas:

1. Base de la Identidad o Personalidad
2. Funciones de comunicación y procesamiento de la información
3. Creación

Elemento de cada sistema del Ser Natural: Mente, Emoción, Cuerpo.

Funciones de cada Elemento del Ser Natural: Identidad, Comunicación, Creación.

Funciones abstractas de nivel superior pensando en cada uno de los sentidos.

Unidad: Aspectos unificadores de los sistemas que se integran naturalmente. La Totalidad de partes relacionadas que es un todo complejo.

Unidad Principal: Cualidad o estado de ser uno, continuidad sin desviación o cambio como en el propósito de las acciones.

Sistemas integradores: Los elementos están interrelacionados y son interdependientes. La modificación de un elemento de un sistema integrador afecta al resto del sistema. Cambiar una parte de un sistema cambia todas las demás partes. El sistema humano es un sistema integral por lo que puede unificar partes que son muy diferentes.

Correspondencia: Unión de partes similares.

Unidad: Unión de partes que son disímiles.

Campo de Conciencia/Personalidad: la suma total de todos los movimientos que representan nuestros procesamientos internos. Un campo es un ámbito de actividad, una región del espacio caracterizada por una propiedad física. (Como la fuerza gravitacional, donde cada punto de la región tiene un efecto o valor determinable).

La conciencia humana es un campo. El Campo Mental piensa, razona, reflexiona, es lógico, objetivo, forma jerarquías; centro consciente de la Identidad/Personalidad.

Los sistemas vivos son sistemas abiertos. Los Sistemas Abiertos reciben información, datos y energía del entorno. Las modalidades son canales para recibir la información del entorno. Las submodalidades son modalidades divididas en trozos más pequeños y desgloses más detallados. Simbolizar sensorialmente a través de las Modalidades y/o las Submodalidades. Sistema de Energía o corrientes de energía invisible fluyen a través del cuerpo para revitalizar y regenerar las células y los sistemas del cuerpo. Los Sistemas Corporales pueden ser bloqueados por cosas como la ansiedad, la depresión, la ira, los miedos y los antojos.

Siete Sentidos, Modalidades de recepción y procesamiento: El sonido y la vista, el tacto y la energía, el gusto y el olfato, y el tiempo.

La integración es hacer un todo; esto funciona debido a los Principios de Unidad y Correspondencia, y al Principio de Realidad y al Principio de Totalidad.

Principio de Realidad: No sabemos la diferencia entre lo real y lo imaginario.

Principio de Totalidad: La fuerza unificadora que nos mantiene unidos, la unificación interna proviene del macrosistema que nos permite vivir y crecer. "Lo que resistimos, persiste". Esta fuerza promueve la Integración de todas nuestras partes, por lo que "Lo que resistimos persiste".

Secuencia de Procesamiento de Datos:

1. Recepción
2. Procesamiento (interno)
3. Almacenamiento (como modelos y memorias)
4. Transmisión (modelos y recuerdos transmitidos a través del lenguaje, los comportamientos, las enfermedades)

Capítulo 11

ÓRDENES DE ACTIVACIÓN SENSORIAL

Modalidad de Referencia: Orden de activación de la personalidad.

Personalidad: Un patrón de comportamientos de carácter colectivo de rasgos temporales, emocionales y mentales.

Secuencias universales de orden de activación desde el primer sentido activado. Existe un patrón específico de activación de los sentidos para cada perfil de personalidad.

Sentidos de Referencia: 1er y 4to sentido activado.

Sentidos de Decisión: 2do y 5to sentidos activados.

Sentidos Motivadores: 3er y 6to sentidos activados.

Los 3 primeros sentidos activados son de referencia externa y se procesan. La forma en que procesamos también el entorno, externo (visión del mundo).

Los últimos 3 sentidos activados son referencias internas y se procesan (visión de sí mismo). Son los sentidos con los que procesamos el ser.

Perfiles de personalidad y ciclos de procesamiento; patrones generales de activación:

ORDEN DE ACTIVACIÓN IDEALISTA:

1) Sonido: Valores de referencia y significado

2) Tacto: Relaciones de decisión

3) Gusto: Carácter Motivador y Procesos

4) Vista: Ideas de referencia, Razón y Conceptos

5) Olfato: Estrategias de decisión

6) Energía: Motivador Acción e Intuición

ORDEN DE ACTIVACIÓN CONCEPTUALISTA:

1) Vista: Ideas de Referencia, Razón y Conceptos

2) Olfato: Estrategias de decisión

3) Energía: Acciones e Intuiciones Motivadoras

4) Sonido: Valores de referencia y significado

5) Tacto: Relaciones de decisión

6) Gusto: Carácter Motivador

ORDEN DE ACTIVACIÓN RELACIONALISTA:

1) Toque: Tacto de referencia

2) Gusto: Carácter de decisión

3) Sonido: Valores motivadores y significado

4) Energía: Referencia Acción e Intuición

5) Vista: Decisión Ideas, Razones y Conceptos

6) Olfato: Estrategias de motivación

ORDEN DE ACTIVACIÓN ACCIONISTA:

1) Energía: Acciones de referencia e intuición

2) Vista: Ideas, Razones y Conceptos de Decisión

3) Olfato: Estrategias de motivación

4) Tacto: Relaciones de referencia

5) Gusto: Carácter de la decisión

6) Sonido: Valores Motivadores y Significado

ORDEN DE ACTIVACIÓN FUNCIONALISTA:

1) Gusto: Carácter de referencia

2) Sonido: Valores de Decisión y Significado

3) Tacto: Relaciones motivadoras

4) Olfato: Estrategias de referencia

5) Energía: Acciones de Decisión e Intuición

6) Vista: Ideas Motivadoras, Razón y Concepto

ORDEN DE ACTIVACIÓN ESTRATÉGICO:

1) Olfato: Estrategias de referencia

2) Energía: Acciones de decisión e intuición

3) Vista: Ideas Motivadoras, Razón y Concepto

4) Gusto: Carácter de referencia

5) Sonido: Decisión Valores y Significado

6) Tacto: Relaciones Motivadoras

Las "superposiciones de la personalidad" son impresiones de los padres y de la sociedad. Estas superposiciones e impresiones de la personalidad que llegan a través de los tres primeros sentidos se activan según las 7 órdenes de activación sensorial existentes. El cerebro se activa primero desde el lado derecho o el izquierdo y luego cruza al otro lado. El primer lado que se activa es el lado de la visión del mundo. El lado de la visión del mundo es donde se imprimen las superposiciones de la personalidad de los padres y la sociedad. Estas superposiciones e impresiones incluyen todos los aspectos relacionados con el sentido activado para crear la visión. Estos aspectos van a incluir nuestro pasado, presente y futuro, nuestros valores, razones. relaciones, intuición y acciones, nuestras creencias de carácter y nuestra creencia de estrategias. Todos los aspectos sensoriales de nuestra visión del mundo provienen de nuestros padres y de la sociedad.

La visión del mundo, comparada con la visión del yo, son dos partes funcionales separadas de nuestros datos sensoriales y los programas que crean.

La visión del mundo es la forma y las áreas de interés que notamos y de las que somos conscientes en nuestro mundo y en nuestro entorno. No notaremos ni seremos conscientes de cosas en nuestro entorno que no estén dentro de los tres primeros sentidos activados que conforman nuestra visión del mundo. Esta visión también va a estar hecha de nuestras superposiciones de personalidad de nuestros padres, de la sociedad y de nuestro entorno. Nuestra visión del mundo no va a ser justa, equitativa y/o precisa. Nuestra visión del mundo es también un programa creado en nuestro subconsciente por los datos sensoriales de nuestros tres primeros sentidos activados. Tener las huellas de la personalidad superpuestas en estos programas sensoriales creando nuestra visión del mundo puede causarnos problemas. percibiendo la realidad en el mundo que nos rodea. Por nuestra capacidad natural, vamos a ver sobre la base de la superposición de la personalidad de nuestros padres y la sociedad.

La técnica (proceso) del Cuestionamiento de la Visión del Mundo y de la Visión del Ser ayuda a integrar ambas visiones.

La visión del mundo es un reflejo de la visión del ser. Si se cambia la visión del Ser, la visión del Mundo también cambiará. La visión del mundo sirve para que la visión del Ser se enfrente a sus incertidumbres, dudas, creencias limitantes, auto-negación, auto-rechazo y auto-represión.

No hay nada en el mundo que podamos ver y que seamos incapaces de responder y tratar adecuadamente. Si podemos verlo, podemos funcionar sanamente e incluso crecer con él.

TÉCNICA DE VISIÓN REFLEXIVA

Visión del Mundo, Visión Propia, Proceso de Cuestionamiento

Dependiendo de su orden de activación coloque estas sugerencias de preguntas en su orden de activación. VM=Vista del mundo. VS=Vista de sí mismo.

Órdenes de activación: La pregunta sobre la visión del mundo está directamente relacionada con la pregunta sobre la visión de sí mismo o la visión del ser. El orden de activación para cada perfil de personalidad se establece en el siguiente orden para el cuestionamiento de la visión del mundo y de la visión del ser: "El orden de activación es el siguiente:

- 1 a 4 (Sentidos de Referencia)

- 2 a 5 (Sentidos de Decisión)

- 3 a 6 (Sentidos Motivadores)

Idealista

VM 1. Sonido: ¿Qué valor o significado le parece percibir más a menudo del entorno o del mundo que le rodea?

VS 4. Vista: Dentro de usted hay una visión, una idea, puede ver y saber cosas sobre esto, aquí para ayudar, véalo y compártalo por favor.

VS 2. Tacto: ¿Quién siente que es la relación más importante en su entorno o en el mundo que le rodea?

VM 5. Olfato: Tiene creencias y estrategias paso a paso para abordar esta situación e incluso prevenir más problemas con ella, descríbalas.

VS 3. Gusto: Explique el rasgo de carácter más importante en su entorno o en el mundo que le rodea.

VS 6. Energía: Tiene una intuición, tiene una acción para poder ofrecer fuerza y curación aquí, hable de esto por favor.

Conceptualista

VM 1. Vista: Con respecto a las cosas que ve más a menudo en el entorno explique las razones por las que las considera así.

VS 4. Sonido: ¿Qué significado o valor tiene usted personalmente en esto?

VS 2. Olfato: Al notar los pasos dados por otros , en su entorno o en el mundo que le rodea ¿Qué creencias le parecen más significativas?

VS 5. Tacto: Usted tiene una habilidad para relacionarse con esto de manera beneficiosa, describa esta habilidad.

VM 3. Energía: Las acciones que más observa en el entorno o en el mundo que lo rodea, ¿Cuáles parecen ser desencadenadas por las intuiciones de los demás?

VS 6. Gusto: Los rasgos de carácter que hay en usted son una fuerza que lo ayuda a usted y quizás a los demás con respecto a la situación, descríbalos por favor.

Relacionalista

VM 1. Tacto: ¿Quién le parece que es la relación más importante en su entorno o en el mundo que lo rodea?

VS 4. Energía: Tiene una intuición, tiene una acción para poder ofrecer fuerza y curación aquí, hable de esto por favor.

VS 2. Gusto: Explique el rasgo de carácter más importante en su entorno o en el mundo que le rodea.

VS 5. Vista: Dentro de usted hay una visión, una idea, puede ver, saber, cosas sobre esto, aquí para ayudar, véalo y compártalo por favor.

VS 3. Sonido: ¿Qué valor o significado parece notar más a menudo en el entorno o en el mundo que lo rodea?

VS 6. Olfato: Tiene creencias y estrategias paso a paso para abordar esta situación e incluso prevenir más problemas con ella, descríbalas.

Accionista

VM 1. Energía: Las acciones que más observa en el entorno o en el mundo que le rodea, ¿por qué intuiciones de los demás parece que se desencadenan?

VS 4. Tacto: Tiene una capacidad para relacionarse con éste de forma beneficiosa, describa esta capacidad.

VM 2. La vista: Respecto a las cosas que ve con más frecuencia en el entorno explique las razones por las que las considera así.

VS 5. Gusto: Los rasgos de carácter que hay en usted son una fuerza que lo ayuda y quizás a los demás con respecto a la situación, descríbalos por favor.

VS 3. Olfato: Al notar los pasos dados por otros, en su entorno o en el mundo que le rodea ¿Qué creencias le parecen más significativas?

VS 6. Sonido: ¿Qué significado o valor tiene usted personalmente en esto?

Funcionista

VM 1. Gusto: Explica el rasgo de carácter más importante de su entorno o del mundo que le rodea.

VS 4. Olfato: Tiene creencias y estrategias paso a paso para abordar esta situación e incluso prevenir más problemas con ella, descríbalas.

VS 2. Sonido: ¿Qué valor o significado parece notar más a menudo en el entorno o en el mundo que le rodea?

VS 5. Energía: Tiene una intuición, tiene una acción para poder ofrecer fuerza y curación aquí, hable de esto por favor.

VS 3. Tacto: ¿Quién se siente demasiado yo para ser la relación más importante en su entorno o en el mundo que lo rodea?

VS 6. Vista: Dentro de usted hay una visión, una idea, puede ver, saber, cosas sobre esto, aquí para ayudar, véalo y compártalo por favor.

Estratega

VM 1. Olfato: Al notar los pasos dados por otros, en su entorno o en el mundo que le rodea ¿Qué creencias le parecen más significativas?

VS 4. Gusto: Los rasgos de carácter que hay en usted son una fuerza que le ayuda a usted y quizás a los demás con respecto a la situación, descríbalos por favor.

VM 2. Energía: Las acciones que más notas en el entorno o en el mundo que te rodea, ¿Cuáles parecen ser provocadas por las intuiciones de los demás?

VS 5. Sonido: ¿Qué significado o valor tiene usted personalmente en esto?

VM 3. Vista: Con respecto a las cosas que ve con más frecuencia en el entorno, explique las razones por las que las considera así.

VS 6. Tacto: Tiene una capacidad para relacionarse con esto de forma beneficiosa, describa esta capacidad.

La integración existe gracias a la estructura y los procesos. Los Sistemas Naturales están unificados de manera que hacen que las partes trabajen juntas en paralelo a través de las Leyes de Similitud y Correspondencia. Integraciones de Conceptos, Principios y Modelos que trabajan juntos. Los elementos se interrelacionan y son interdependientes sin desviarse o cambiar como en el Propósito de la Acción, el Comienzo o la Fase de Formación. El propósito aumenta y crece como parte natural del progreso. Los retos y los cambios son un aspecto natural del propósito y está incorporado en nuestro sistema desde el principio.

La unidad en la física es el aspecto unificador de los Sistemas Naturalmente Integrados, con una cualidad o estado de ser Múltiple. La intención es la determinación del sistema, la inercia de éste, desde el principio. Siendo la intención la columna vertebral del propósito, firmemente estable, fija y dirigida. Determinado o resuelto, teniendo la mente enfocada, la determinación mental de la acción y el resultado basado en la Intención detrás del propósito.

Concepto: Algo concebido en la mente, pensamientos, movimiento.

Principios: Ley fundamental, suposiciones, leyes o hechos de la naturaleza y que viven el funcionamiento de un dispositivo artificial (axioma). Los axiomas son verdades autoevidentes que no requieren prueba, principios o reglas universalmente aceptados. Una proposición asumida sin pruebas para estudiar las consecuencias que se derivan de ella. Es evidente y obvia. En la elección, el axioma de elección consiste en que, dada cualquier colección de conjuntos disjuntos, se puede construir un conjunto que contenga un elemento de cada uno de los conjuntos dados.

Similitudes/Correspondencia: Los elementos con similitudes se corresponden naturalmente entre sí

Conceptos/Principios/Modelos: Funcionan naturalmente juntos basándose en la física de la Correspondencia.

Interrelacionados/Interdependientes sin Desviaciones o cambio de Propósito de acción, reconociendo la identidad individual de cada aspecto dentro de cualquier sistema dado. Ley natural de correspondencia, sin esta interrelación/interdependencia, el sistema se vuelve más disfuncional. Cuando estos elementos y principios están trabajando juntos basados en la física de la correspondencia, el sistema(s) en su conjunto funciona correctamente y progresa.

El desorden natural forma parte de la uniformidad inerte, la entropía y los sistemas cerrados para que el sistema progrese y cambie. La experiencia de su vida se basa en el reconocimiento de sus verdaderas fuerzas interiores. Su Realidad es un reflejo de sus propias Incertidumbres, Dudas y Creencias Limitantes; todo lo que usted niega, rechaza y reprime. Tómese el Tiempo para cambiar el Continuum del Desorden Natural que sólo ocurre al Futuro. Para cambiar por Naturaleza, la Función y la Condición deben ser cambiadas. La Función consiste en la progresión, y la condición implica la intención.

Para Transformar, cambiar la Función, la Función se cambia por:

1. Eliminar

2. Insertar

3. Permutar

Integrar (Unidad), el sentido del bien y del mal

E=mc2

E/ Energía; Diferencia de potencial = m/ Masa

c/ Velocidad de la luz

O (con una línea que lo atraviesa) / Energía gastada para responder, La energía para responder se disipa y no es energía real.

La E/ Energía. La diferencia de potencial puede multiplicar su diferencia de potencial por 10 veces a la masa a la velocidad de la luz del entorno. Elija una diferencia de potencial del mc2 y cree un estado, condición y resultado de la mayor diferencia. Coloque el estado, la condición y el resultado en la expresión a la masa. Esto se puede hacer, con imágenes guiadas, con el proceso del principio de la realidad, y simplemente con el pensamiento basado en los elementos de la Energía de la identidad.

X/ Tiempos/ X=Posición

La Energía dentro del individuo es la diferencia potencial entre lo que es posible/capaz en la persona y lo que la masa (entorno) le está enviando. Como respuesta general del humano natural, respondemos en lugar de crear una diferencia, aumentando así la masa en lugar de hacernos cargo de la masa. La energía es literalmente "diferencia potencial", no es poder a ciegas, desenfrenado o inconsciente. La energía es el verdadero poder; el exponencial del poder. La razón, el propósito, el potencial, y la capacidad de la diferencia dentro, con respecto a literalmente, la "masa", todo alrededor de la energía.

Somos eventos cuánticos en un campo unificado, impulsos de inteligencia que han aprendido a crear todo este universo y, por lo tanto, nosotros, como seres humanos, no somos autónomos. De hecho, somos puntos focales en el campo unificado. Como en el átomo, así es el universo. Como en el cuerpo humano, el cuerpo cósmico.

Capítulo 12

SALTOS CUÁNTICOS

Los Seres Humanos tienen características y atributos que representan fragilidades, simpatías, fortalezas, y por la naturaleza de sus mentes pueden procesar y evaluar sus vidas y muchas otras cosas. Percibiendo en la existencia cualquier cosa que sea parte de su dendra. La dendra se crea para cada "Identidad" que se tenga. La creación de la emoción es lo más importante a entender. La identidad es la igualdad de carácter esencial o genérico en diferentes instancias, la igualdad en todo lo que constituye la realidad objetiva de una cosa. Todo lo que el ojo puede "ver" es lo que ya es una parte de su Identidad. No No puede ver lo que no tiene la Dendra para ver. No puede "ver" lo que no tiene ya una "relación" con usted mismo para "identificarse" en su interior, o sobre usted mismo. La dendrita es el proceso protoplásmico ramificado que conduce los impulsos hacia el cuerpo de una neurona. La dendra es la combinación química.

Los seres humanos tienen una existencia consciente y pueden percibir y concebir otras cosas en la existencia real. El ser humano, por su propia naturaleza, ha transformado sus acciones y procesos no sólo en nuestro mundo, sino incluso a nivel del ADN de muchos otros seres vivos. Para transformar, la clave de la fórmula que afecta a la transformación es la FUNCIÓN. La función es la operación literal que convierte una cosa en otra. La función se cambia haciendo una o todas de las siguientes cosas: Borrar, Insertar o Permutar.

La modificación genética se produce en una bacteria mediante la inserción de ADN procedente de otra célula bacteriana. La correspondencia es la ley que rige este proceso de Función. La integración es un proceso de unificación (Unidad). El ser humano se transforma e integra por naturaleza. Su sentido inherente del bien y del mal, de acuerdo con su propia naturaleza y determinado por ella, hace que esto sea así.

La permutación es un cambio importante y fundamental (como en el carácter o la condición), basado principalmente en la reorganización de los elementos existentes. Cambiar por el acto o proceso, el orden lineal de un conjunto ordenado o arreglos de carácter o condiciones. Como la reordenación de las prioridades de forma diferente, basada en el cambio de carácter o condición.

Un salto cuántico es una transición abrupta (como la de un electrón, un átomo, una molécula) de un estado energético discreto a otro.

Identidad y semejanza de carácter esencial o genético en diferentes instancias. Igualdad en todo lo que constituye la realidad objetiva de una cosa. La realidad objetiva es la creación consciente de la realidad. La realidad de nuestra visión del mundo sirve para despertar nuestro mayor conocimiento de nuestro ser. Eliminar, insertar, permutar las experiencias de la realidad (percepciones) con el conocimiento de las posibilidades mayores basadas en el carácter o condición de su verdadero ser, hacer el bien mayor. Una cualidad cuyo efecto es dejar lo multiplicado sin cambios (El número que debe ser multiplicado por otro).

Los seres humanos nacen con Quantums; 1 por cada sentido humano:

Sonido: Correcto - Vista: Incorrecto

Tacto: Dios - Energía: Ser

Gusto: Vida - Olfato: Muerte

Estos Quantums son dados por Dios y nunca nos abandonan aquí en la Tierra. Por mucho que intentemos adormecerlos o acallarlos, nunca se calman ni desaparecen.

Tenemos un sentido interno de todos estos Quantums, y nos recuerdan constantemente el propósito de ellos y el nuestro. Cuando los aceptamos y los escuchamos, somos felices y más positivos. Cuando intentamos ignorarlos o conquistarlos, nos cuesta.

La comunicación es un proceso por el que se intercambia información entre individuos a través de un sistema común de símbolos, signos o comportamientos que constituyen un intercambio de información.

Al igual que en la Torre de Babel, el Señor dijo: "Si pueden comunicarse así de bien, todo lo que puedan imaginar lo podrán hacer". La comunicación es la clave y la Correspondencia es el Maestro de la Comunicación por naturaleza.

Ya sabe distinguir el bien del mal. Debatir, justificar, explicar, negar, rechazar, vengarse, ya lo sabes. Usted ha nacido con este conocimiento. ¿Su verdadera identidad? Ya la conoce.

El principio de unidad o ley: Una totalidad de partes relacionadas, una entidad que es un todo complejo o sistemático. Los aspectos unificadores de los sistemas naturalmente integradores. Una cualidad o estado de ser Uno, no múltiple, Una Identidad. Este aspecto de la Unidad es la Continuidad, sin desviación o cambio como en el Propósito de las Acciones. Cualquier desviación o cambio debe ser llevado al Propósito y multiplicado por el Propósito.

La Unión de partes que son Disímiles: Estructuras y Procesos que se Desvían entre sí en el mismo Sistema. La acción para la Estructura o Proceso que se desvía puede ser tomada por un Evento, Condición o Proceso y multiplicada en Propósito y/o Totalidad.

Evento: Entidad fundamental de la realidad física observada representada por un punto designado por 3 coordenadas de Lugar y 1 de Tiempo en el Continuo Espacio-Tiempo postulado por la Teoría de la Relatividad. Los eventos son Resultados de algo que sucede y la entidad fundamental observable con una realidad física. Los eventos se realizan para conseguir un fin.

Condición: Un estado del ser, que a veces implica adaptarse o modificarse para conformarse a partir de una respuesta previamente asociada para que el estímulo se asocie a otro. La condición implica circunstancias y situaciones para funcionar.

Proceso: El proceso implica que algo está sucediendo y es una clave en el progreso. Puede ser un fenómeno natural marcado por cambios graduales que conducen a un resultado determinado. El proceso consiste en establecer un conjunto de procedimientos rutinarios habituales hacia un fin. Incluye la integración de la información sensorial recibida para que se genere una acción o respuesta.

Principio de Totalidad: La fuerza unificadora en cada uno de nosotros que nos mantiene unidos, la Unificación Interna viene del Macro-Sistema con el fin de vivir y crecer. Un deseo natural de plenitud, de unificación, de bienestar, que viene de cada aspecto vivo e inteligente de nuestro ser para estar completo y sano y una parte con nosotros. Por eso lo que resistimos, persiste. Es una parte de nosotros. Una fuerza unificadora que promueve la integración de todos los aspectos de nuestro ser. Esta fuerza unificadora es de naturaleza, basada en nuestra elección fundamental de vivir.

Quiere que vivamos y quiere vivir como cada célula individual y así la propia naturaleza promueve la integración de todas nuestras partes.

La sinergia: La sinergia es el todo mayor que las partes individuales, esto se aplica a todo.

Las interacciones de dos o más agentes para un todo. Cualquiera que sea el todo, hay tres aspectos que son individuales para el conjunto. Los sistemas que trabajan juntos son sinérgicos. Los sistemas son enemas o patrones que interactúan entre sí para un proceso. La relación entre las partes es lo fundamental de sus procesos.

El campo consciente está formado por una fuerza unificadora que es inteligente y consciente. El nivel de desarrollo personal de un individuo puede medirse por su capacidad de percibir el campo en sí mismo y en los demás y la sinergia del conjunto basada en la correspondencia y la unidad de las partes individuales juntas.

Comunicación: El acto o proceso de transferir datos. El modelo de curación consta de dos enfoques:

1. Físico = Nutrición, Acondicionamiento Físico, Mantenimiento Higiénico del Cuerpo

2. Espiritual = Matriz del sistema corporal, integración de creencias, sistemas adictivos (cerrados), sistema energético.

Examples: There are more you can identify.

NATURALEZA: El carácter inherente o la constitución básica de una persona o cosa. Una fuerza creativa y de control en el universo. Una fuerza interior y la suma de tales fuerzas en un individuo. Una especie y clase que se distingue por sus características fundamentales y esenciales. El origen de la condición natural.

Estructuras: La acción de construir. Disposición en un patrón definido de organización. Disposición de partículas y partes en una sustancia o cuerpo. Organización de las partes dominada por la constitución general y el carácter del conjunto. El conjunto de elementos de una entidad en su relación con los demás. "De", se refiere o es un método en el que cada paso de la solución del problema está contenido en un subprograma separado.

Patrón: Forma o patrón propuesto para la imitación. Una configuración natural o casual. Una muestra fiable de rasgos que actúa como tendencias y otras características observables. Un sistema coherente discernible basado en la interrelación prevista de las partes componentes. Incidencias reflejadas o generalizadas.

Procesos: Progresar, avanzar, en marcha y en curso. Fenómeno natural caracterizado por cambios graduales que conducen a un resultado determinado. Actividad o función natural o biológica continua. Parte prominente o saliente de la estructura. Someter a un proceso especial. Someter o manejar mediante un conjunto de procedimientos rutinarios establecidos.

PROCESAMIENTO DEL LENGUAJE:

Simbólico: Que consiste en proceder mediante el significado de símbolos o que se relaciona o constituye con símbolos.

Energético: La energía y sus transformaciones, la relación energética total y las transformaciones de un sistema físico, químico o biológico. Incidir en la energía, ACTUAR.

Cuerpo entero: Que tiene todas sus partes o componentes propios, ser físico completo.

TOTALIDAD HUMANA:

Mente:

Emociones:

Cuerpo:

SISTEMA HUMANO:

Identidad, Personalidad:

Comunicación, Procesamiento de la Información (Función):

Creación:

LOS NÚMEROS 1, 2 Y 3 SON ELEMENTOS.

LAS LETRAS SON SUS FUNCIONES ASOCIADAS.

1): Mente, 1): Mental, 1): Filtro de Percepción

A) Identidad y Personalidad

B) Datos, símbolos, letras, números, notas musicales, imágenes.

C) Modelos: una colección de los recuerdos en Símbolos que forman representaciones internas de los recuerdos.

D) Estructura: disposición en un patrón definido u organización dispuesta de partículas o partes.

E) Formar: Exploración de símbolos de posibilidades hasta descubrir o inventar patrones de éxito, la naturaleza esencial de una cosa a diferencia de su materia. (Matriz).

F) Real: Genuino, siendo lo que el nombre implica (precisamente) ocurriendo o existiendo en la actualidad. Existiendo como una entidad física y teniendo propiedades que las cosas inmóviles que tienen existencia objetiva independiente. Pertenecer o tener Elementos o Componentes que pertenecen al conjunto de lo real.

G) Espacio: una extensión limitada en 1, 2 o 3 dimensiones, extensión tridimensional ilimitada en la que los objetos y eventos ocurren y tienen partes relativas y dirección, (puede ser independiente de lo que ocupa u ocurre en él).

H) Simbólico: Que consiste o procede por medio de símbolos. De o relativo a o constituido en símbolos.

2): Emociones.

A) Comunicación, procesamiento y almacenamiento de la información.

B) Filtro de Experiencia y Nuevas Teorías, Dialogando los Datos en patrones significativos como las matemáticas, la física, la información a través de Funciones de Procesamiento, aplicando la Información en experiencias y creando Nuevas Teorías a partir de la Información y la experiencia en Patrones significativos.

C) Paradigma: Un marco filosófico o teórico de una disciplina o ciencia dentro del cual se realizan teorías, leyes y experimentos en apoyo de las leyes.

D) Procesos: Fenómeno natural marcado por cambios graduales que conducen a un resultado determinado.

E) Norma: La repetición de experiencias y la creación de nueva información y nuevas teorías una y otra vez.

F) Vicario: Experimentado o realizado a través de la imaginación o la participación simpática en la experiencia de otro.

G) Tiempo: Período mensurable durante el cual existe o continúa una acción, proceso o condición. Un continuo no espacial que se mide en términos de eventos que se suceden a través del Pasado, el Presente y el Futuro. Una de las series de acciones recurrentes o repetidas, cualidades o instancias añadidas o acumuladas.

H) Energético: La energía y su transformación, la relación energética total y las transformaciones de un sistema físico, químico o biológico. Impactar la energía para ACTUAR.

3): Filtros de Cuerpo, Entendimiento y Discernimiento

A) Transmisión de modelos, recuerdos, a través del lenguaje y los comportamientos.

B) Conocimiento: aplicación y uso productivo de la información y de las experiencias construidas a partir de la experiencia y de las Nuevas Teorías, obteniendo nuevos conocimientos y discernimientos de uno mismo y de los demás.

C) Visión del mundo: Concepción o apreciación global del mundo desde un punto de vista específico. (Weltanschauung).

D) Patrones: Configuración natural o fortuita de un sistema coherente discernible basado en el funcionamiento interrelacionado previsto de las partes que lo componen.

E) Cumplir: Éxito alcanzado, crecimiento ahora logrado por las diferencias y modificaciones integradoras en los Patrones originales que logran el cumplimiento de las expresiones posibles.

F) Genético: Relativo a la causa por origen ADN y ARN que determinan secuencias específicas de aminoácidos y parecen uniformes para casi todas las formas de vida conocidas.

G) Materia: Sustancia de objeto físico se compone sustancias materiales que ocupa el espacio, tiene masa y se compone predominantemente de átomos, que consiste en protones, neutrones y electrones, que constituye el universo observable y es Intervertible con la energía.

H) Cuerpo entero.

Saltos Cuánticos e Infranqueabilidad

La infranqueabilidad tiene que ver con la elección. La infranqueabilidad es estar en contra, ser inaceptado, no absorbido, desacreditado y no reconocido. La elección es un síndrome de salto cuántico. El síndrome del salto cuántico es un continuo matricial de conjuntos de elementos colocados en un continuo matemático.

Hay 3 aspectos diferentes en cuanto a la elección: 1) Tomar acción, 2) No tomar acción, 3) Dejar que otro tome acción. La elección es una opción, una alternativa, una preferencia, una selección y/o una decisión. Estar dispuesto a dejarse llevar para ser uno mismo así como con Dios. Alimentar el yo cuando los demás no están dispuestos a elegir ir con usted, eligen quedarse.

La resistencia se produce cuando los quantums asociados no son puenteables. Unir los quantums incorpora la física de la correspondencia. El continuo de los opuestos y la oposición tomando un elemento de cada conjunto y sumándolo a los demás elementos del mismo u otro conjunto.

Unir los cuantos te lleva a un punto de Transformación. Al tender un puente sobre los quantums, se tiende un puente desde el lado izquierdo hacia el lado derecho. Comenzando desde la parte superior del Mapa hacia la parte inferior del mismo. Combinando lo incorrecto con lo correcto, el Ser con Dios y la muerte con la vida.

Saltos Cuánticos:

➢ Correcto e Incorrecto

Correcto: Conforme o acorde con la justicia o la ley. Continúa desde arriba. No falso, genuino. Justo, sano, legal, apropiado, conforme a lo que es correcto, en línea recta. Estar de acuerdo con lo que es justo, bueno o apropiado. Conforme a los hechos o a la verdad.

Incorrecto: No conforme con los hechos o la verdad, indebido o erróneo. En un curso equivocado, a veces contrario a lo que es correcto. Acto injusto o perjudicial, desviarse o alterarse. Principios, prácticas o conductas contrarias a la justicia, el bien, la equidad o la ley. No correcto o adecuado según un código, norma o convención.

➢ Dios y el Ser

Dios: La realidad suprema o definitiva; el Ser perfecto en poder, sabiduría y bondad que es adorado como creador y gobernante del universo. Un ser u objeto que se cree que tiene más que atributos y poderes naturales y que requiere la adoración humana, que controla un aspecto o parte particular de la realidad.

Ser: El ser total, esencial y particular de una persona. La persona completa de un individuo, la realización o encarnación de una abstracción. El carácter o comportamiento típico de un individuo. La unión de elementos (como el cuerpo, las emociones, los pensamientos y las sensaciones) que constituyen la individualidad y la identidad de una persona. Del mismo carácter en todo momento, del mismo material. Se han añadido al diccionario muchas palabras que empiezan por "yo".

➢ Vida Y Muerte

La vida: La propiedad o cualidad que distingue al vivir. Continuar desde arriba. Principio o fuerza que se considere que subyace a la cualidad distintiva de los seres animados. La secuencia del proceso físico de la vida. Una fase específica de la existencia terrenal. La forma o patrón de algo existente en la realidad.

Muerte: El acto de morir, la terminación de la vida. Cese permanente de todas las funciones vitales. La causa u ocasión de la pérdida de la vida.

Estas síntesis con:

Sonido; Correcto

Vista; Incorrecto

Tacto; Dios

Energía; Ser

Olfato; Muerte

Gusto; Vida

Los Saltos Cuánticos son un Continuum. Un continuum o continuo es un conjunto coherente caracterizado como una colección, secuencia o progresión de valores o elementos que varían en grados mínimos. Lo bueno y lo malo se sitúan en los extremos opuestos de un continuum en lugar de describir las dos mitades de una línea (Wayne Shumaker). El conjunto de los números reales incluye tanto los racionales como los irracionales: a grandes rasgos; un conjunto compacto que no puede separarse en dos conjuntos ninguno de los cuales contiene un punto límite del otro. Por tanto, es continuo.

Es necesario que haya oposición en todas las cosas y los Saltos Cuánticos son opuestos; Correcto/incorrecto, Dios/Ser, Vida/Muerte. Cada una de las Funciones Abstractas o Conscientes se aplican a cada Quantum en relación con su posición en el Mapa Humano Holográfico, así como el sentido con el que se encuentra. No puede haber Bien sin Mal ni Mal sin Bien. No puede haber Dios sin el Ser ni el Ser sin Dios. No hay Vida sin Muerte ni Muerte sin Vida. He oído decir que en un "Sentido", no hay Bien o Mal, no hay Dios o Ser, no hay vida o Muerte. Elija usted mismo, pero no deje que las interpretaciones del hombre le lleven por el mal camino. También se dice en las escrituras que Lucifer te dirá 99 verdades para que creas 1 mentira.

Técnica del Infinito (Proceso de Cuestionamiento del Salto Cuántico Experiencial)

Siempre hay un punto de transición o cruce. Hemos mencionado anteriormente un 7º sentido, un sentido del Ser y/o un sentido del Tiempo. Este 7º sentido tiene la pregunta primaria "¿Cuándo?". Al igual que los otros cuánticos, este sentido también representa las otras Funciones Abstractas, Conscientes y Subconscientes que ya forman parte de esto en el Mapa Humano Holográfico. Este séptimo sentido, en relación con el salto cuántico, representa el Gran Yo Soy y el Eterno Ahora. Este es el Punto de Transición que los quantum toman para Saltar, el punto de Cruce de un lado del Mapa al lado opuesto.

HUMANO HOLOGRÁFICO

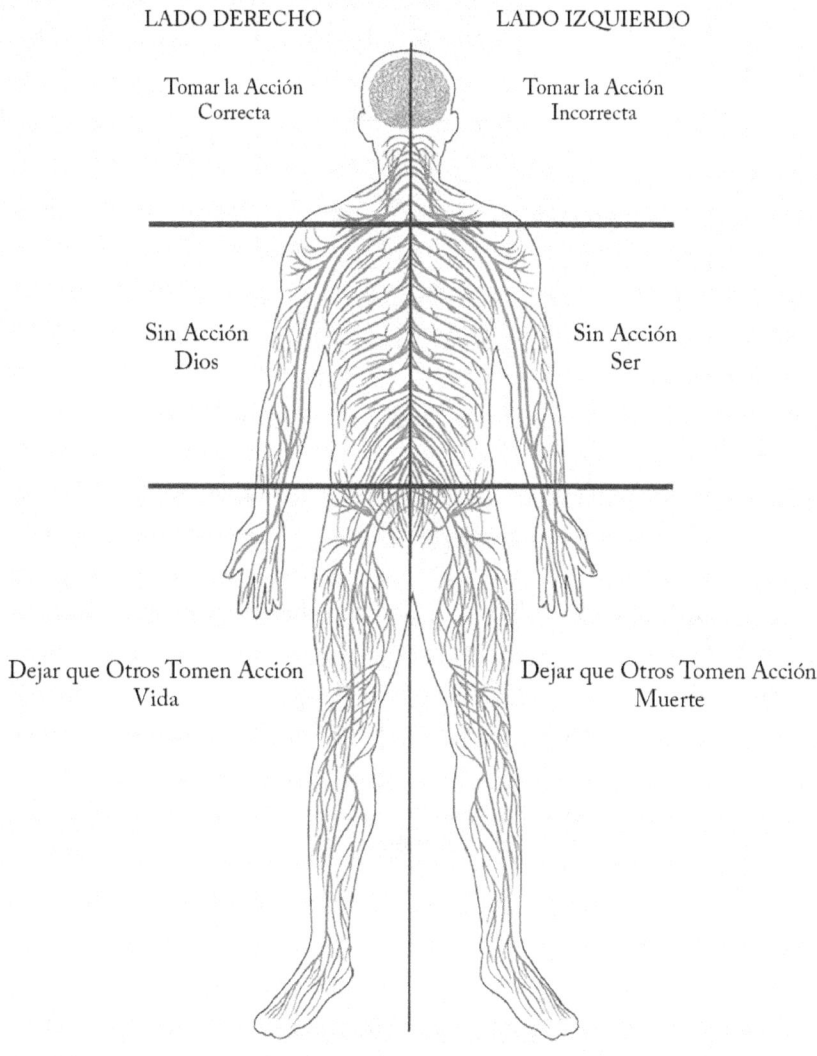

El Salto Cuántico comienza en el centro, en el Gran Yo Soy y el Eterno Ahora, va desde allí a la parte superior izquierda del mapa (Incorrecto), baja al Ser, y luego a la Muerte. Este proceso completa el lado izquierdo del Mapa del Cuerpo y los Cuánticos continúan en el Punto de Transición o

Cruce. El Centro del Mapa, el Gran Yo Soy, el Eterno Ahora, desde aquí el Salto Cuántico

Desde aquí el Salto Cuántico continúa hacia la parte superior derecha del Mapa Humano Holográfico, (Correcto), continuando desde aquí hacia el centro derecho, "Dios", y luego hacia abajo a la "Vida". Desde la Vida el Salto Cuántico continúa hacia el centro, el Punto de Transición, el Cruce, "Cuando"... el Gran Yo Soy, el Eterno Ahora.

Comienza la técnica:

Cambio transformador

Cambio a nivel de identidad

El Puente Cuántico tiene que ver con la Elección, el Cambio, las Metas y el Ser

Estar dispuesto a soltar - Ser uno con uno mismo y con Dios

CUÁNDO (de pie). El Cuando está en el Centro, el gran YO SOY y el Eterno AHORA. El centro es donde comienza el Salto Cuántico. ¿Cuándo estás listo para empezar?

MAL (de pie). Simboliza sensorialmente este Quantum con una Forma y un Color.

YO (de pie). Simboliza sensorialmente este Quantum con una Energía.

MUERTE (de pie). Sensorialmente simboliza este Quantum con un Olor.

Mientras te concentras en estos tres símbolos sensoriales, camina hacia el Centro.

CUANDO (de pie). Cuando está en el punto de cruce. El Centro. La transición de los Saltos Cuánticos en el punto de cruce. ¿Cuándo está usted listo para usar su función, y hacer este salto?

CORRECTO (de pie). Simboliza sensorialmente este Quantum con un Sonido.

DIOS (de pie). Simboliza sensorialmente este Quantum con una Textura o Temperatura.

LA VIDA (de pie). Simboliza sensorialmente este Quantum con un Gusto.

> Mientras se concentra en estos tres símbolos sensoriales, camine hacia el Centro.

CUÁNTO (de pie). Este es el centro. Los Saltos Cuánticos continúan en el centro. ¿Cuándo estás listo para continuar?

MAL (de pie). ¿Por qué ha elegido esto como meta?

YO (de pie). ¿Qué acciones puede realizar para comenzar o perpetuar esta Meta?

MUERTE (de pie). ¿A dónde podrían llevarlo sus estrategias con respecto a este Objetivo?

CUÁNDO (de pie). ¿Cuándo es el momento de la transición?

CORRECTO (de pie). ¿Cuál es el valor y el significado de esta meta?

DIOS (de pie). ¿De quién se trata esta meta?

LA VIDA (de pie). ¿Cómo le llevan sus creencias sobre el carácter al éxito con respecto a esta Meta?

CUÁNDO (de pie). ¿Cuándo es el momento de continuar?

MAL (de pie). ¿Por qué este Quantum está asociado a esta Meta?

YO (de pie). Con la energía que usted siente con este Quantum, ¿Qué conexiones puede hacer?

MUERTE (de pie). Ahora mismo, por elección, ¿a dónde elegiría que lo llevara este Quantum?

CUÁNDO (de pie). ¿Cuándo?

CORRECTO (de pie). Usted encuentra un valor extraordinario en esta meta que avanza, ¿Cuál es el significado asociado a este Quantum?

DIOS (de pie). ¿Con quién se relaciona este Quantum?

LA VIDA (de pie). ¿Cómo considera su carácter con respecto a este Quantum?

CUÁNDO (de pie). ¿Cuándo sigue este proceso?

> Los Saltos Cuánticos comienzan en el centro, hacen la transición en el centro y continúan en el centro. Por favor, continúe recorriendo este camino, centrándose en los símbolos sensoriales asociados. Su camino marca el Infinito mientras continúa por su elección. Cuando siente un cambio en el Ser, por favor continúe a través de la Vida, hacia el Cuando, y camine hacia adelante.

Capítulo 13

MEMORIA-CORRESPONDENCIA

MEMORIA:

Real: Relativo a las preocupaciones y actividades cotidianas. Seria: Genuina.

Vicaria: Incluso que se han borrado. Respuesta imaginativa o subjetiva en experiencias de otro. Ocurrido, inesperado o anormal. Experiencia de otro.

Genético: Relativo y determinado por el origen. Presente al nacer o desarrollarse en la infancia sin necesidad de instrucción. Ancestral, heredado, instintivo o natural.

SISTEMA CERRADO:

Negar: Rechazar: Reprimir:

SISTEMA ABIERTO:

Admitir: Aceptar: Expresar:

ÉXITO:

Formar: Explorar posibilidades hasta descubrir o inventar patrones de éxito.

Norma: Los patrones de éxito se repiten una y otra vez.

Cumplir: El éxito comienza a aplanarse un poco y sigue aumentando, el crecimiento se logra ahora integrando las diferencias y modificaciones en el patrón original en este el sistema alcanza su pico y luego comienza a declinar, habiendo alcanzado sus máximas posibilidades de expresión.

SABIDURÍA: El uso discernido del conocimiento, qué cuerpo de conocimiento es el mejor para usar dónde y cuándo. Ser sabio significa tener una comprensión elevada de todo el sistema.

Datos: Símbolos en sí, letras, números, símbolos sensoriales como sonidos, texturas, temperatura, dulce y amargo,

Información: Disposición de los datos en patrones significativos (como las matemáticas y la física)

Conocimiento: Aplicación y uso productivo de la información. El conocimiento se construye a partir de los modelos que formamos con la experiencia y las teorías.

PROCESAMIENTO DE DATOS:

Recepción
Almacenamiento
Transmisión

META PROGRAMAS:

Procesamiento de datos
Patrones de información y almacenamiento
Compresión para la elaboración de modelos

EDUCAR: Cualidades únicas, talentos de cada uno.

Un sentido de lo común entre el individuo y su entorno, el hilo conductor que tienen entre sí y un vínculo con el mundo natural.

Una pertenencia y armonización de la individualidad única con el sentido de lo común.

Para sacar a relucir.

VISIÓN DEL MUNDO:

Individuo
Familia
Sociedad

VISIÓN DE SÍ MISMO:

Yo Mismo Yo

PECADO

Culpa
Vergüenza
Miedo

AMOR PURO DE CRISTO

Esperanza
Fe
Caridad

REALIDAD: La cualidad o estado de ser real, la totalidad de las cosas y eventos reales.

Espacio: Un período de tiempo, y su duración una extensión limitada en 1, 2 o 3 dimensiones. Una extensión tridimensional ilimitada en la que los objetos y eventos ocurren y tienen una posición y dirección relativas, más allá de la atmósfera terrestre y del sistema solar.

Tiempo: Período medible durante el cual existe o continúa un proceso o condición de acción. Continuidad no espacial que se mide en términos de acontecimientos que se superan unos a otros desde el pasado hasta el presente y el futuro.

Materia: La sustancia de la que está compuesto un objeto físico. Sustancia material que ocupa espacio, tiene masa y está compuesta predominantemente por átomos formados por protones, neutrones y electrones, que constituye el universo observable y que es interconvertible con la energía. Sustancia material de un tipo particular o para un propósito particular.

EL TIEMPO:

Pasado
Presente
Futuro

FAMILIA:

Padre
Madre
Hijo/a

COMUNICACIÓN:

Transmitir
Recibir
Mensaje

MENSAJE:

Intención
Contenido
Contexto

La conciencia es una forma dada por el espacio y la dimensión.

DIMENSIÓN:

Altura
Lateral
Profundidad

INTEGRACIÓN:

a Conceptos
b Principios
c Modelos

INTEGRIDAD: Las estructuras y los procesos se unen para trabajar en paralelo sobre la base de las similitudes.

NATURALEZA:

1) Estructuras
2) Patrones
3) Procesos

Primera posición superior (mental)

Elementos de dirección:

d Estructura
e Datos
f Formando
g Admitir
h Percibir
i Intentar
j Transmitir
k Borrar

Principios de la correspondencia:

a. La "integración" de la unidad
b. "Conceptos" (con principios, modelos)
c. "Integridad" "Estructura", unificada con "Elementos" interrelacionados

"Estructura" "Procesos" se unen "Tiempo similar, Periodo medible durante el cual existe o continúa un proceso de acción o condición. Continuo no espacial que se mide en términos de eventos que se superan unos a otros desde el pasado hasta el presente y el futuro.

a. Similares". "Proceso" de las características añadir o insertar.
b. "Unificación" de "Desviación" "Estructura" (evento, condición o proceso)

Segunda Posición Medio (Emocional) Cuestionamiento

Integrar, Integrar, Patrones a los "Elementos" interrelacionados. Relaciones de los "Elementos" con su Contenido.

"Principios" ya "Interrelacionados" e "Interdependientes"

Elementos:

a. Patrones
b. Información
c. Normativa
d. Aceptar
e. Recibir
f. Contexto
g. Insertar

Tercera Posición Menor Modelado Físico

Asignar 1 Elemento de 1 Conjunto a un Elemento de otro conjunto (Contenido) Permutar Carácter, Condicionar, reordenar "Elementos" Existentes Integrar Proceso de "Elementos relacionados", Similares

Procesos "Desviados" para Estructurar Elementos de "Unidad":

a. Procesos
b. Conocimiento
c. Cumplir con
d. Expresar
e. Transmitir

f. Contenido
g. Mensaje
h. Permutación

INTEGRAR ES MAPA DIMENSIONAL, EMOCIONAL Y MENTAL

Interdependientes e interrelacionados; es Procesos físicos SIMILARES; ESTRUCTURAS A PROCESOS

DESVIADOS; ESTRUCTURAS A PROCESOS

INTEGRACIÓN:

i. CONCEPTOS
ii. PRINCIPIOS
iii. MODELOS

INTEGRIDAD:

A. ESTRUCTURAS
B. PATRONES
C. PROCESOS

Capítulo 14

UNIFICACIÓN INTERNA

La correspondencia se da en el entre todo. El Espíritu reside en el entre. La correspondencia ocurre a través del Espíritu. El Espíritu es la Sustancia de la Correspondencia.

La Totalidad es la Fuerza Unificadora que nos mantiene unidos. La Unificación Interior viene del Macro-Sistema con el fin de vivir y crecer este es el trasfondo del dicho, "Lo que resistimos, persiste". Esta fuerza natural para la Totalidad promueve la Integración de todas las partes de nosotros y de todos los Sistemas Integrales. El Modelo de la Totalidad está compuesto por 3 sistemas separados y 1 Nivel de Totalidad. Los hologramas son elementos del nivel de Totalidad. Cada elemento tiene su sentido asociado y su función individual. Cada elemento se corresponde con los otros elementos en base a los 3 elementos que forman el todo de la correspondencia. La Totalidad es el estado de ser completo, la totalidad, la Totalidad.

Matriz; 1): Suma, 2): Desviaciones con respecto al Tiempo, 3): Multiplicación con un Multiplicando. Hágalo de izquierda a derecha. Encontrar el denominador común en cuanto a Acción, Función, Procesos. Elemento; 1, 2 y 3 de cada totalidad. Función de cada elemento dentro del sistema, interrelacionado, interdependiente.

Cambio incremental: Se refiere a pequeños cambios en los Programas, Modelos o Creencias. El cambio incremental es un cambio interminable y pasa constantemente por el proceso de desorden.

Cambio de transformación: Se trata de un cambio imprevisible y exponencial. Esto representa un cambio de Nivel de Identidad.

Integridad: La condición de estar entero o completo. Integrar es el proceso de hacer un todo. La integración existe porque la estructura y los procesos de los sistemas naturales están unificados de manera que hacen que las partes trabajen juntas en similitud y correspondencia paralelas. El Verdadero Ser Natural.

Teoría de la transformación humana: La forma en que desarrollamos modelos, paradigmas y visiones del mundo.

Elemento de cada sistema del Ser Natural: Mente, Emoción, Cuerpo

Funciones de cada Elemento del Ser Natural: Identidad, Comunicación, Creación.

Principio de plenitud, Unidad, Totalidad. Cada Totalidad consiste en 3 elementos separados que se corresponden juntos como uno, interrelacionados, interdependientes. El primer elemento de cada totalidad es la Mente y la Identidad, es decir, los sentidos del sonido y la vista. El segundo elemento es la emoción y la comunicación, es decir, el tacto y la energía. El tercer elemento es el cuerpo y la creación, es decir, el olfato y el gusto. Añada a estos los otros aspectos de las funciones del humano holográfico y todos ellos encajan, como un sistema completo bien definido y diagramado.

Funciones abstractas de nivel superior, pensamiento para cada uno de los sentidos.

Unidad, aspectos unificadores de los sistemas naturalmente integrados. Aspectos unificadores de los sistemas naturalmente integrados. La Totalidad de partes relacionadas que es un todo complejo.

Principio de unidad: Cualidad o estado de ser uno, continuidad sin desviación o cambio como en el propósito de las acciones.

Sistemas integrados: Los elementos están interrelacionados y son interdependientes. El cambio de 1 elemento de un sistema integrador afecta al resto del sistema.

Cambiar 1 parte de un sistema cambia todas las demás. El sistema humano es un sistema Integrador por lo que puede unificar partes que son muy diferentes.

Correspondencia: unión de partes similares.

Unidad: Unión de partes que son disímiles. Integrar partes disímiles para su unión. Mantener el enfoque en el propósito e intención inicial.

Conciencia/Campo de la Personalidad: La suma total de todos los movimientos que representan nuestro procesamiento interno.

Campo: Un ámbito de actividad, una región del espacio caracterizada por una propiedad física. (Como la fuerza gravitacional, donde cada punto de la región tiene un efecto o valor determinable).

La conciencia humana es un campo

Campo de la Mente; piensa, razona, reflexiona, es lógico, objetivo, forma jerarquías, centro consciente de la Identidad/Personalidad.

El desorden pertenece específicamente a la Función del Sistema como un Todo y por lo tanto la energía no disponible es una Función natural, normal dentro del Sistema original, aunque nunca ha sido reconocida en el Sistema, como un Todo y capacitada para la Función del mismo y el papel que puede jugar dentro de la Función de éste. Esto está en relación directa con las cosas dentro del Sistema que están mezcladas y desordenadas desde el comienzo de éste dentro de los involucrados en su comienzo.

La incertidumbre dentro del Sistema se refiere específicamente a las áreas propias del mismo, como la duda, el escepticismo, la sospecha, la desconfianza, la falta de certeza del Sistema sobre alguien o algo. La incertidumbre puede ir desde la falta de certeza hasta la falta casi total de convicción o conocimiento sobre un resultado. La duda se refiere a áreas tanto de incertidumbre como de incapacidad para tomar una decisión. El escepticismo implica la falta de voluntad de creer sin pruebas concluyentes y la sospecha subraya la falta de fe en la verdad, la realidad, la equidad o la fiabilidad de algo o alguien. La desconfianza implica una auténtica duda basada en la sospecha.

Incertidumbre: El sistema de falta de certeza sobre alguien o algo.

Duda: La incapacidad del sistema para tomar una decisión.

Escepticismo: La falta de voluntad de creer sin pruebas concluyentes.

Sospecha: falta de fe en la verdad, la realidad, la equidad o la fiabilidad de algo o alguien.

Desconfianza: Duda genuina basada en sospechas.

El desorden dentro de un sistema puede ser más difícil de negar, rechazar o reprimir, mientras que las dudas, el escepticismo o la desconfianza son fáciles de negar y cerrar.

La causalidad es la relación entre una causa y su efecto o entre acontecimientos o fenómenos regularmente correlacionados. La razón de una acción o una condición o un motivo. El motivo provoca un efecto o un resultado. Una persona o cosa que fue la causa de una acción o estado. El efecto es el antónimo de la causa. La causa es un verbo que hace que se produzca, y su antónimo es destruir. El efecto es la intención, el significado básico, la esencia. Algo que sigue inevitablemente a un antecedente, como la causa o el agente. Apariencia, realización, cumplimiento. El contenido del equipo es menos importante que su efecto. Impresión. Cualidad o estado de ser operativo. Causa que llega a ser, que se produce a menudo superando obstáculos. El efecto va más allá de la mera influencia. Se refiere a la consecución real de un resultado final. El antónimo de efecto es causa. Causalidad; el hecho de Ser, casualmente determinado, siendo el antónimo de espontaneidad.

Inerte se refiere a la falta de poder de movimiento. Deficiente en propiedades activas, carente de la acción habitual o prevista (naturalmente ya forma parte de la capacidad creada del sistema). Inactivo; Lo contrario de inerte es vigoroso.

Uniformidad es una cualidad o estado de ser uniforme, ser de la misma forma con el resto del Sistema. Uniforme(es), consistente en la conducta o acción con la interpretación de las leyes, de la misma forma dentro del Sistema, conforme a la regla y modo del Sistema. Uniformidad es relacionarse o ser convergente de una serie cuyos términos son funciones de tal manera que el valor absoluto de la diferencia entre la suma de los primeros (En) términos de la serie con la suma de todos los términos puede hacerse arbitrariamente pequeño para todos los valores del dominio de las funciones eligiendo el (En-ésimo) suficientemente lejos en la serie. Este proceso lleva las anomalías a la uniformidad.

En realidad se trata de nuestra capacidad de crecer, tener éxito, progresar y aprender. Existe un proceso natural de crecimiento y cambio que se interrelaciona entre sí para la supervivencia del conjunto. Los sistemas vivos tienen un gran potencial. Pocos seres vivos, si es que hay alguno, han vivido para completar todo lo que han podido. La vida nos da retos, no para destruirnos ni derribarnos, sino para nuestro potencial y nuestro crecimiento. Si tiene un reto, tiene la fuerza para superarlo. Si tiene una pregunta, ya tiene la respuesta en su interior. Es una parte de ser un humano natural y debido al Ciclo de Entropía que somos empujados a la destrucción antes de encontrar la fuerza interior para vencer. Nunca se pretendió que viniéramos a esta existencia sólo con el propósito de lastimar, sufrir, sentir dolor y fracasar.

Cada fase o etapa separada, cada aspecto separado de cualquier sistema dado, ya sea natural o hecho por el hombre tiene su propio propósito específico y Función (Identidad), pre-dispuesto dentro de su Propósito/Función, es el tiempo dentro del Sistema, que debe liberar su Energía para cumplir su propósito dentro de las operaciones del mismo. Todo, por Naturaleza, tiene una Estructura, un Patrón y un Proceso con el que funciona. Cuando estas estructuras, patrones y procesos no se siguen correctamente, o no se les permite funcionar dentro de su naturaleza, todo el sistema puede venirse abajo. El tiempo es un aspecto muy importante de la Energía no disponible y no calificada en cualquier sistema dado. Al igual que en cualquier éxito, el tiempo puede ser crucial para el éxito.

Diferencia potencial dentro de un sistema determinado

El Desorden y la Incertidumbre que se denominan Desorden Discontinuo e Incertidumbre Discontinua, siguen suponiendo el Desorden y la Incertidumbre, sólo que en un sentido en el que el sistema reconoce el Desorden y la Incertidumbre, y lo entrena.

La diferencia de Potencial entre dos partes que representan el trabajo involucrado, o la Energía liberada en la transferencia de una cantidad unitaria de un punto a otro. La Energía Potencial es la Energía que tiene un trozo de materia por su posición o naturaleza, o por la disposición de sus partes. No tiene ningún otro potencial. Es esta misma Energía dentro del sistema la que está causando el Desorden y la Incertidumbre dentro del mismo. No son "fuerzas externas", nada fuera del sistema es la causa del Desorden e Incertidumbre.

Las anomalías son indicadores de un ciclo de Entropía. La Entropía se considera una medida de la Energía no disponible en un Sistema Cerrado que también se suele considerar como la medida del Desorden del sistema. Esta es la propiedad del estado del sistema que varía directamente con cualquier cambio reversible dentro del mismo, al grado de Desorden o Incertidumbre de un sistema.

Sin la oportunidad del Desorden e Incertidumbre, el Sistema se mantiene para mantener su status quo. Mantener la estabilidad, ser consistente, es indicativo de no cambiar. Si nuestro futuro fuera estable, sin oportunidad de cambio, nuestras vidas serían muy diferentes hoy en día.

ENTROPÍA

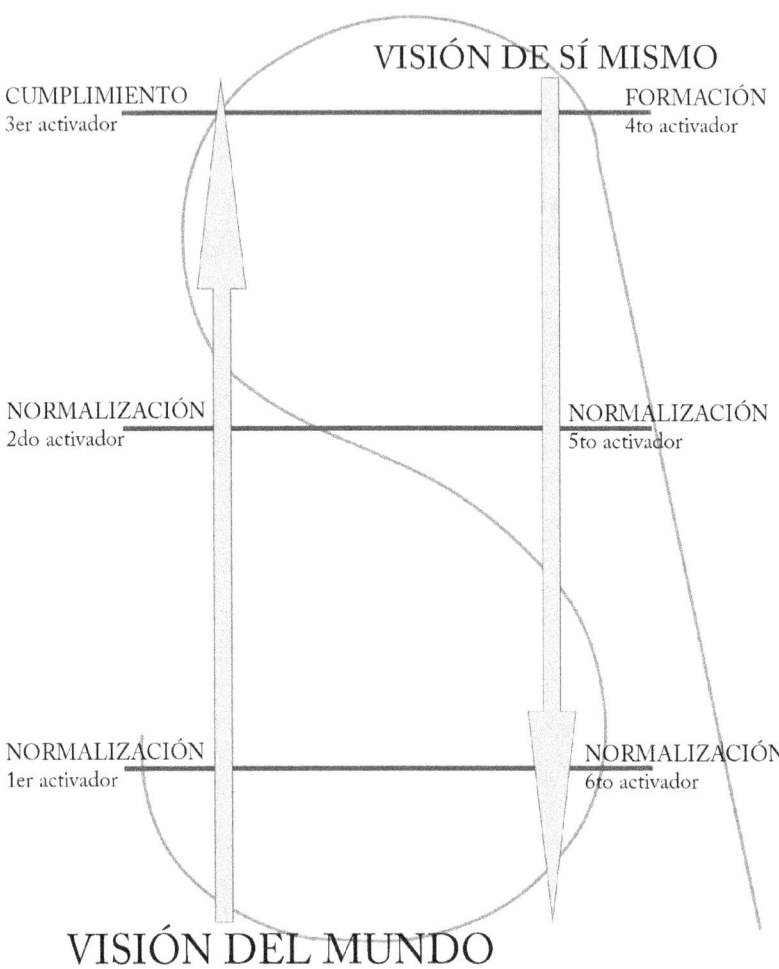

El término mismo de "Desorden Discontinuo" e "Incertidumbre Discontinua", no son términos con los que estemos familiarizados. Discontinuo significa simple y llanamente falta de secuencia o coherencia y el antónimo de Discontinuo es obviamente "continuo". Por lo tanto, si nuestras vidas fueran "continuas", continuarían secuencialmente con coherencia, en otras palabras, nuestras vidas no cambiarían. Nuestro Futuro no sería diferente de nuestro pasado ni de nuestro presente. Con la capacidad potencial de cambiar nuestro Futuro, obtenemos la Dirección de nuestro Pasado, debemos Cuestionar nuestro Presente, y encontramos nuevos Modelos y Patrones para nuestro Futuro. El Futuro está destinado, de por sí, a ser modelado para el Desorden y la Incertidumbre, no para la Estabilidad, la secuencia y la coherencia. Este concepto es algo nuevo para algunos de nosotros.

Mucho de estos Modelos de Teoría Humana Holográfica están en cierto contraste con algunas de las enseñanzas del hombre. También he investigado las escrituras, y no sólo no he encontrado nada que contrarreste los modelos de pensamiento de nivel superior, sino que he encontrado muchas escrituras que sí contrarrestan gran parte de los conceptos de pensamiento hechos por el hombre.

La función de la entropía es el estado final de uniformidad inerte, una falta de poder de movimiento. Una deficiencia en las propiedades activas debido a la falta de acciones habituales o anticipadas. Dicho de forma sencilla, la entropía (*energía no disponible) es inexperta. La entropía liberó su Energía disponible en un esfuerzo por evitar el cambio debido a que no está capacitada para cambiarse a sí misma. Esto es el resultado de un Sistema Cerrado, no abierto al cambio hasta el punto de negar, rechazar y reprimir cualquier dato nuevo. El tiempo mismo está diseñado naturalmente para causar que las acciones, procesos o condiciones del Futuro se vuelvan naturalmente a un estado de Desorden. Esto es una parte muy natural del tiempo ya que las acciones, procesos o condiciones deben cambiar constantemente para el movimiento del Futuro. Hay muchos aspectos que muestran el camino de la Tierra, la Humanidad, los negocios, la vida misma está cambiando constantemente.

El tiempo puede ser utilizado en sí mismo para ser una parte de poder cambiar el continuo de Desorden Natural de los Movimientos Futuros (Tiempo), las medidas entre las acciones, procesos o condiciones. Este Desorden Natural se debe en parte a la Energía no disponible en cualquier Sistema Cerrado y cualquier Sistema se convierte en un Sistema Cerrado cuando no está cambiando constantemente entre las mediciones pasadas, presentes y futuras. Lo cual es el significado y la Función del Tiempo.

La Energía No Disponible en un Sistema Cerrado variará directamente con cualquier cambio reversible dependiendo del grado de desorden requerido para el grado de cambio de las acciones, procesos o condiciones Futuras, dentro de cualquier sistema dado.

Para manejar estos Ciclos de Entropía en nuestras vidas y poder tener Desorden e Incertidumbre Discontinua, podemos seguir el Modelo de Matriz y la Naturaleza de Transformación.

Cuando surgen Anomalías en su vida, que son Anomalías Similares parecen (intentan) alejarlo de su objetivo; ya que están "fuera de lo común" por así decirlo y podrían sucederle a cualquiera. Son Anomalías Desviadas cuando son más bien desastrosas y no son comunes. Identifique el Multiplicador; la Función original y el propósito del Sistema desde su origen usando las Anomalías Desviadas como el Exponente por el que se multiplica la Función y el propósito.

Ejemplo: Empiezas a ir a la universidad para obtener un título y empiezan a surgir problemas que aparentemente intentan evitar que termines la universidad. Una Anomalía similar podría ser darse cuenta de que necesita gafas para leer sus libros universitarios. Esto podría clasificarse como algo común o similar a tratar, en la vida. Una Anomalía Desviada podría estar más en la línea de perder una beca para la escuela, ser expulsado de la escuela, perder a un ser querido, o tener un accidente horrible.

Ciclos de Entropía: Un desorden estadístico de la energía. El ciclo de Entropía es una medida de la Energía no disponible en un Sistema Cerrado que también suele considerarse como una medida del Desorden de los Sistemas. Es una propiedad del estado de los Sistemas y variará en relación directa con cualquier cambio Reversible en el mismo y en relación con los factores de Tiempo del Desorden de la Energía de esos Sistemas que es Indisponible y causa del Desorden. La Degradación de la materia y la Energía en el universo, hasta el estado final de Uniformidad Inerte. El proceso de Degradación, el agotamiento, o la tendencia Natural al Desorden.

Anomalías: La información que va en contra de las creencias normales del Sistema. Son los defectos que ya forman parte del Sistema desde el principio, y que impiden que el Sistema crezca, simplemente basándose en el Orden Natural del Tiempo, el Futuro y el Desorden.

jk Entropía

Tiempo

Espacio

Materia

Natural

Desorden

Negentropía

Desorden discontinuo

Identidad imprevisible

El cambio y el crecimiento requieren tanto el Espacio como el Tiempo para llegar a buen término. El lugar apropiado, o correcto, es importante. Sin embargo, el cambio o el crecimiento sólo pueden producirse en el momento adecuado. Como seres humanos, podemos decidir (normalmente) tanto el Espacio como el Tiempo. Podemos elegir en un nivel consciente. La elección no siempre es considerada para nosotros o para otros, y el Espacio y el Tiempo no tienen su propia elección. Vinimos a la tierra para aprender, para emplear nuestra elección (libre albedrío) con rectitud. A veces, el Espacio termina siendo decidido en nuestro lugar por las agencias gubernamentales o los seres queridos que tienen que intervenir para nuestra seguridad y la de los demás. El tiempo depende enteramente de nosotros en nuestro grado de preparación para la elección del Cambio.

La integridad es la fuerza unificadora que nos mantiene unidos. La Unificación Interior viene del Macro-Sistema que nos permite vivir y crecer. Este es el trasfondo del dicho: "Lo que resistimos, persiste". Esta fuerza natural para la Totalidad promueve la Integración de todas las partes de nosotros y de todos los Sistemas Integrales. El Modelo de la Totalidad está hecho de 3 sistemas separados y 1 Nivel de Totalidad. Este es un Holograma de cada parte de la totalidad del Sistema.

Totalidad; El estado de ser completo, la totalidad, la Totalidad.

TOTALIDAD; INTEGRIDAD

1) Similitudes: Sumándose a las Anomalías Similares para la Totalidad en el Tiempo presente.

2) Desviaciones/Unidad: Detenerse y cuestionar su estructura y propósito de Totalidad porque las Anomalías Desviadas pertenecen a los Elementos del Tiempo:
1) Pasado, 2) Presente 3) Futuro: con respecto a tu Principio y Propósito de la Totalidad.

3) Integración/Recuerdo y enfoque en el Multiplicador: El propósito original por el que empezaste esta meta o viaje. Escala el grado de la Anomalía Desviante y Veces el Multiplicando por el número de veces que continúa la Desviación.

Matriz:

1) Añadir: Añadir anomalías similares en el plan en curso.

2) Desviaciones: Desviaciones con respecto al Tiempo.

3) Multiplicación: Multiplicación con un Multiplicando.

SISTEMA ABIERTO: Un Sistema Abierto tiene límites permeables y no se siente amenazado ni teme las nuevas experiencias de su entorno. El Sistema Abierto es sabio y está abierto al cambio y a la progresión. El

Sistema Abierto no aprueba necesariamente todo lo que hay en su entorno, aunque busca aprender lo que pueda de todo lo que lo rodea. Los Sistemas Abiertos no juzgan, sino que sólo buscan obtener un mayor conocimiento y compartir su saber. Los sistemas vivos son sistemas abiertos. Los sistemas abiertos reciben información, datos y energía de su entorno. Los Sistemas Abiertos tienen diferentes Modalidades para recibir la entrada del entorno, simplemente por el hecho de que todas sus posibles áreas de entrada están Abiertas y no Cerradas a dicha entrada. Tome un clavo e intente clavarlo en el cemento. Se necesita una pistola de clavos especial para que el cemento permita que el clavo penetre en él. Tome un clavo e intente clavarlo en un trozo de madera. No sólo el clavo entra en la madera, sino que la madera cambia también parte de su forma por dentro y por fuera para permitir que el clavo penetre en ella. Las cosas de la naturaleza deben ser sistemas abiertos, o morirán. Un árbol, una planta, incluso la semilla y la raíz deben ser abiertos. Si alguno de ellos tiene límites que no son permeables y flexibles, el árbol o la planta morirán. Si la semilla o la raíz están cerradas, la planta o el árbol ni siquiera pueden crecer. Este proceso es continuo en todos los aspectos de nuestra vida y pasa por estos tres patrones para mantener un sistema abierto. Los Sistemas Abiertos procesan el Desorden de su entorno y el Desorden es naturalmente Desorden Discontinuo porque el sistema crece constantemente.

Admitir: Este es el primer elemento de un Sistema Abierto y está asociado con los sentidos del Sonido y la Vista. Esto significa simplemente permitir la entrada o el acceso y se refiere específicamente a lo que oímos y vemos. Simplemente reconocer, realmente escuchar y realmente ver lo que se dice y está disponible para ser visto. Simplemente Admitir que es lo que se dijo y se vio, sin cambiar, sin rechazar, sólo admitiendo que fue lo que se escuchó y se vio. Admitir; los sistemas abiertos creen en los datos que llegan al sistema hasta el punto de reconocerlos. No lo consideran delirante, irreal ni surrealista. Admiten y afirman que los Datos tienen un propósito. Permite que los Datos pasen por los Sistemas Abiertos para procesar cualquier cosa de importancia. Los Sistemas Abiertos son "dueños" de los Datos que llegan a ellos. Esto significa que los cree, afirma, admite y reconoce. Admitir significa simplemente el reconocimiento, la percepción, ver y escuchar realmente lo que el adicto dice, cómo se siente y lo que hace. Lo contrario de admitir es negar y negar significaría decir "no, no dijeron ni hicieron eso, nunca los vi ni los escuché". En términos muy simples, este es un primer paso para admitir en lugar de negar. De nuevo, admitir; los sistemas abiertos creen en los datos que llegan al sistema hasta el punto de reconocerlos. No los consideran delirantes, irreales, ni surrealistas. Admiten y afirman que los datos tienen un propósito. Permite que los Datos pasen por los Sistemas Abiertos para procesar cualquier cosa de importancia. Los Sistemas Abiertos son "dueños" de los Datos que llegan a ellos. Esto significa que los cree, afirma, admite y reconoce.

Acepta: Este es el segundo elemento de un Sistema Abierto y está asociado con los sentidos del Tacto y la Energía. Aceptar indica que se recibe de buen grado lo que se ha Admitido sin protestar ni rechazar nada de ello. Aceptar implica tener una respuesta favorable, expresando un reconocimiento de algo que se ofrece favorablemente para su beneficio o el de la totalidad. Asociado a los sentidos del Tacto y la Energía indica aceptación. Aceptar los Datos incluye el procesamiento de los mismos en el Sistema Abierto. El procesamiento se realiza sin un juicio o reacción. Permitiendo la aceptación de todos los Datos para ser procesados, dialogados y las Nuevas Teorías observadas sin Protesta o Reacción. La aceptación de los Datos incluye el procesamiento de los Datos en el Sistema Abierto. El procesamiento se realiza sin juicio ni reacción. Permitiendo la aceptación de todos los Datos para ser procesados, dialogados y las Nuevas Teorías miradas sin Protesta o Reacción. Los Sistemas Abiertos han adquirido y experimentado estos nuevos Datos. Aceptar los Datos incluye el procesamiento de los Datos en el Sistema Abierto. El procesamiento se realiza sin juicio ni reacción. Permitiendo la aceptación de todos los Datos para ser procesados, dialogados y las Nuevas Teorías miradas sin Protesta o Reacción. Los Sistemas Abiertos han adquirido y experimentado estos nuevos Datos.

Expresar: Este es el tercer Elemento de un Sistema Abierto y está asociado a los sentidos del Gusto y del Olfato. Expresar consiste en mostrar explícitamente sus propios Rasgos de Carácter y sus propias Estrategias para lograr cosas con sus comportamientos. El propósito de sus logros refleja sus creencias personales y específicas. Lo que usted hace da a conocer claramente la totalidad de su ser interior. Manifestando sus creencias personales en todas sus expresiones. Una Totalidad de sus palabras, gestos, acciones por su impulso natural siendo sus compulsiones interiores. Los Sistemas Abiertos habiendo adquirido y experimentado estos nuevos Datos. Expresan sus nuevos Aprendizajes vigorosa y emocionalmente a través de sus Acciones y Comunicaciones. Los Sistemas Abiertos dan voz a su Nueva Conciencia. Socialmente e Intelectualmente debido a las Anomalías y Retroalimentación que forma parte de nuestro Ciclo de Vida, nuestro Ser. Esto permite que cualquier dato del entorno sea utilizado para mejorar el sistema. Ninguna retroalimentación del entorno puede hacer que un sistema abierto entre en declive cuando se mantiene abierto. Un Sistema Abierto no siente la necesidad de tratar de controlar la retroalimentación, no se siente intimidado o ansioso o deprimido debido a los datos y la retroalimentación. Los Sistemas Abiertos que han adquirido y experimentado estos nuevos Datos. Expresan su nuevo Aprendizaje vigorosa y emocionalmente a través de sus Acciones y Comunicaciones. Los Sistemas Abiertos dan voz a su Nueva Conciencia. Social e Intelectualmente debido a las Anomalías y la Retroalimentación que forma parte de nuestro Ciclo de Vida, nuestro Ser. Esto permite que cualquier dato del entorno sea utilizado para mejorar el sistema. Ninguna retroalimentación del entorno puede hacer que un sistema abierto entre en declive cuando se mantiene abierto. Un Sistema Abierto no siente la necesidad de tratar de controlar la retroalimentación, no se siente intimidado o ansioso o deprimido debido a los datos y la retroalimentación.

SISTEMA CERRADO: Se necesita mucho esfuerzo para mantener el sistema como un Sistema Cerrado. La mayoría de los datos y la información del entorno (fuera del sistema) deben ser negados, rechazados y reprimidos para mantener el sistema cerrado. A lo largo de un periodo de tiempo, todos los esfuerzos implicados para poder negar, rechazar y reprimir cualquier dato o retroalimentación consumen y controlan todos los pensamientos, sentimientos y comportamientos de la totalidad del sistema, hasta que parece que no queda nada de la totalidad (ningún yo) dentro del sistema. El sistema se convierte literalmente en nada más que la Personalidad, la Identidad, las Comunicaciones Internas, las Emociones y las Creencias, los Rasgos de Carácter y las Estrategias sólo para apoyar la Negación, el Rechazo y la Represión de los Datos y la Retroalimentación. Un Sistema

Cerrado es muy predecible. Un Sistema Cerrado no va a cambiar por sí mismo, puede cambiar con las fuerzas naturales de la vida, pero un Sistema Cerrado no elige cambiar. Los sistemas cerrados también suelen negar que están cerrados. Cuanto más cerrado está el sistema, mayores son las fuerzas que intentan abrir el mismo. Cuando ya se conoce la forma en que una persona u otro sistema va a responder a usted, ese sistema es predecible, por lo tanto, el sistema es cerrado. Los Sistemas Cerrados no están abiertos a nuevas reacciones, datos o información, y mucho menos al conocimiento. Cuando un Sistema Cerrado está en declive, las fuerzas naturales entran en juego, su único objetivo es eliminar o levantar las restricciones que mantienen el Sistema Cerrado. Estas fuerzas naturales pueden sentirse como arietes que golpean los límites y las paredes del Sistema Cerrado. Esto, a veces, puede aparecer como "amor duro", forzando al Sistema Completo a "tocar fondo". Las anomalías son indicadores de un ciclo de Entropía. La entropía se considera una medida de la energía no disponible en un Sistema Cerrado que también suele considerarse como la medida del desorden de los sistemas. Es la propiedad del estado de los sistemas y variará directamente con cualquier cambio reversible dentro del mismo, al grado de desorden o incertidumbre de éste. La función de la entropía es el estado final de uniformidad inerte; una falta de poder de movimiento. Una deficiencia en las propiedades activas debido a la falta de acciones habituales o previstas. Sencillamente, la entropía (*energía no disponible) no es hábil. La entropía libera su energía disponible en un esfuerzo por evitar el cambio debido a que no está capacitada para cambiarse a sí misma.

Negación: Negar: Negarse a admitir o reconocer la verdad, negación de la lógica, un mecanismo de defensa psicológico en el que los problemas o la realidad, a menudo incluso se niegan a ver los datos o la información. Comprobar que una acusación es falsa se convierte en una negación de la lógica. La negación se convierte en un mecanismo de defensa psicológico en el que se evita la confrontación con un problema personal o con la Realidad negando la existencia del problema o de dicha realidad. Lo opuesto a la negación es la admisión. Negar es declarar como falso, negarse a admitir o reconocer o dar una respuesta o respuesta negativa. Negar la admisión, a veces hasta el punto de que algo existe, como la verdad o cualquier dato válido. Contradecir, contravenir como verdadero o válido, sin tener en cuenta lo que otro dice o hace.

Rechazo: El rechazo de una propuesta. Rechazo, desaprobación, negarse a aceptar los estímulos internos, y mucho menos la información externa. El acto de negarse, rechazar, desaprobar y simplemente renunciar. Lo contrario de Rechazar es Aceptar. El rechazo es una falta de voluntad para aceptar, cumplir o incluso responder. Evitar, de cualquier manera posible, justificar, culpar, contrarrestar, considerar que no tiene valor. Negarse es también rechazar. Se refiere específicamente a la forma de actuar o relacionarse con nosotros mismos y con los demás.

Represión: Contramedida, oposición, revuelta. Reprimir, suprimir, apaciguar. Acción o proceso de reprimir: el estado de ser reprimido. Proceso mental por el que se excluyen de la conciencia y se dejan actuar en el subconsciente pensamientos, recuerdos o impulsos angustiosos que pueden dar lugar a ansiedad. Reprimir o impedir el desarrollo natural. Reprimir es responder como si estuviera bajo presión o injusticia. Reprimir es excluir incluso de la conciencia. Retener cualquier respuesta al entorno y a la entrada. Esto se refiere a los sentidos del Gusto y del Olfato por lo que Reprimir se aplica a la falta de respuesta y tal a la creencia de carácter, procesos y estrategias. Adaptar los comportamientos que sirven o parecen servir como funciones importantes para lograr el éxito. Cerrado hasta el punto de crear una Estructura u hoja de ruta para permanecer cerrado, lleno de tácticas, planes de operaciones e investigación para respaldarlo.

Desorden, que se relaciona directamente o se basa y emplea los principios relacionados con la capacidad natural del Sistema para crecer y cambiar. Todo sistema debe seguir creciendo. Incluso cuando se alcanza el éxito, el sistema ha cumplido su propósito y éste debe continuar, por lo que el crecimiento es inevitable. El crecimiento, por definición, es continuo.

Las anomalías son eventos, condiciones, procesos, que varían de la norma o del plan original o de la fase de formación de todas las cosas hechas por el hombre o la naturaleza. Estas anomalías son energías no disponibles, no calificadas, que se originan en el Principio o Fase de Formación.

Información que va en contra de la norma, de las creencias del sistema. Son defectos que ya forman parte del sistema desde el principio y que impiden que el sistema crezca. Las Anomalías vienen a hacer que vuelvan las partes que faltan en el Sistema Completo.

El nivel de gravedad de la Anomalía es indicativo del grado de desorden o incertidumbre del sistema desde el principio que es capaz de cambiar de forma reversible. Por lo tanto, las Anomalías no vienen sin la posibilidad y el potencial de cambio en el sistema.

El propósito o la intención de las Anomalías en sí es hacer que las partes que faltan en el sistema vuelvan a estar completas. Todo sistema que funciona es un sistema completo y debe cambiar y crecer para seguir siendo un sistema completo. Cuando aparecen las Anomalías, el crecimiento se consigue de nuevo integrando las diferencias y modificaciones en el patrón original o Fase de Formación.

La Totalidad es el principio de intención que las Anomalías trabajan naturalmente para lograr.

Principio de Totalidad: La Fuerza Unificadora que nos mantiene unidos, la unificación interna proviene del macrosistema con el fin de vivir y crecer. Lo que se resiste, persiste. Esta fuerza promueve la Integración de todas las partes. Integrar, existe por la estructura, y los procesos. Los Sistemas Naturales están unificados de manera que hacen que las partes trabajen juntas, en paralelo a través de las Leyes de Similitudes y Correspondencia. Integraciones de Conceptos, Principios y Modelos trabajando juntos. Los elementos se interrelacionan y son interdependientes sin desviación o cambio como en el propósito de la acción, el comienzo, la fase de formación. La Unidad en la física es los aspectos unificadores de los Sistemas Naturalmente Integrados, con una cualidad o estado de ser Múltiple. Intención es la determinación del sistema la Inercia del Sistema, desde el Principio.

Concepto: Algo concebido en la mente, pensamientos, movimiento.

Principios: Ley fundamental, supuestos, leyes o hechos de la naturaleza y que viven el funcionamiento de un dispositivo artificial (axión).

Similitudes/Correspondencia: Conceptos/Principios/Modelos:

Interrelacionados/Interdependientes sin Desviaciones o cambio de Propósito de acción.

Tomar Tiempo para cambiar el Continuo del Desorden Natural que solo ocurre al Futuro. Para cambiar por Naturaleza, hay que cambiar Función y Condición.

Para Transformar hay que cambiar la Función. La Función se cambia por:

1); Eliminar

2); Insertar

3); Permutar

Integrar (Unidad), el sentido del bien y del mal $E=mc^2$

E/ Energía; Diferencia de potencial = m/ Masa

c/ Velocidad de la luz

O (con una línea que lo atraviesa) / Energía gastada para responder, X/ Tiempos/ X=Posición

La Curva "S" y la visión del mundo de la era en la que estamos.

| Era de la Información | Era del Conocimiento | Era de la Sabiduría |

La naturaleza: Estructura, Patrones, Procesos. Cualquier Totalidad, ya sea hecha por el hombre o por Dios, consiste en tres Elementos diferentes y separados que deben trabajar juntos basados en la Física de la Correspondencia para funcionar adecuadamente y hacer la Totalidad completa. Incluso la Divinidad consiste en tres elementos separados que deben trabajar juntos. Hay leyes específicas sobre las cuales esto debe ser para que los tres Elementos diferentes se correspondan "como uno". Cada Elemento de la Naturaleza tiene sus propias funciones dentro de la Totalidad de la Naturaleza misma. Cada aspecto de la Naturaleza tiene una estructura en la que se basa para ser lo que está estructurado a ser. Sobre esta estructura, hay Patrones específicos que deben ser seguidos para tener el resultado final de este aspecto de la Naturaleza. También debe haber Procesos dentro de la Estructura y Patrones que deben ser seguidos. El hombre descubrió esto hace años para los tornados, terremotos y muchos aspectos diferentes de la Naturaleza. Cualquier Totalidad se basa en estos principios.

Los seres humanos son una totalidad, la totalidad del ser humano se basa en este y otros principios. Si un aspecto de nuestra totalidad no está en sintonía con el todo, entonces éste se encuentra en riesgo.

Estudie la lista de Totalidades y examine, considere y cuestione su propia vida en las diferentes áreas de Elementos que aparecen bajo cualquier Totalidad en la que crea que puede necesitar ayuda. Las Totalidades se corresponden con las diferentes áreas del mapa del cuerpo y, por tanto, se corresponden con los diferentes sentidos humanos. El hombre natural y su naturaleza están organizados. No tenemos que decirle a nuestro subconsciente qué hacer o cómo hacerlo. De hecho, simplemente funciona de la manera en que Dios lo creó para funcionar. Además, no es el subconsciente el que nos causa problemas la mayoría de las veces, es nuestro propio consciente. El consciente es la parte de nuestro cerebro que puede y hace Percibir, Evaluar, Juzgar y Decidir. Esta parte de nuestro cerebro está haciendo sus patrones y procesos basados en la forma en que fue estructurada después de nuestro nacimiento aquí en la tierra.

El mundo está compuesto por 2 sistemas diferentes: Sistemas naturales y sistemas creados por el hombre.

El Modelo de Totalidad está hecho de 3 sistemas separados conocidos como Elementos y 1 nivel de Totalidad.

Los seres humanos son sistemas

Sistemas de Integración; 4 tipos: Simbólico, Energético, de Cuerpo Entero y Lingüístico.

Los humanos son Sistemas Abiertos. Los sistemas abiertos admiten, aceptan y expresan la retroalimentación y tienen límites permeables y flexibles.

Los sistemas cerrados son sistemas adictivos. Los sistemas cerrados no están abiertos a nueva información. En la naturaleza, el éxito se consigue mediante la autoorganización. Cuando un Sistema Cerrado está en declive, las fuerzas naturales entran en juego. Su único objetivo es eliminar o levantar las restricciones que mantienen el sistema cerrado. La estabilidad se vuelve disfuncional en este proceso. Un Sistema Cerrado sólo puede duplicarse a sí mismo, ya que los sistemas cerrados crean más sistemas cerrados.

El caos es discontinuo y no lineal.

EL TIEMPO: El tiempo en sí, es la magnitud del período medible, durante el cual una acción, proceso o condición existe o continúa (Acción, proceso, condición, existe o continúa, continuo).

El tiempo no es espacial, y su continuidad se mide en términos de los acontecimientos que se suceden desde el pasado hasta el presente y hacia el futuro. Uno de una serie de instancias recurrentes o acciones repetidas, cantidades o instancias sumadas o acumuladas. Duración de finita a infinita. El propio tiempo está diseñado de forma natural para que las acciones, procesos o condiciones del Futuro, se conviertan de forma natural en un estado de Desorden. Esto es una parte muy natural del tiempo ya que las acciones, procesos o condiciones deben cambiar constantemente para el movimiento del Futuro. Hay muchos aspectos que muestran la forma en que la Tierra, la Humanidad, los negocios y la vida misma están cambiando constantemente.

El tiempo puede ser utilizado en sí mismo para ser una parte de poder cambiar el continuo Desorden Natural de los Movimientos Futuros. Este

Desorden Natural se debe en parte a la energía no disponible en cualquier Sistema Cerrado y cualquier Sistema se convierte en un Sistema Cerrado cuando no está cambiando constantemente entre las mediciones del pasado, el presente y el futuro, que es el significado y la Función del Tiempo.

La energía no disponible en un Sistema Cerrado variará directamente con cualquier cambio reversible dependiendo del grado de desorden requerido del grado de cambio para las acciones, procesos o condiciones Futuras, dentro de cualquier sistema dado.

El tiempo es una medida de eventos, acciones, condiciones o procesos que existen o continúan.

Tomar el Tiempo para cambiar el continuo del Desorden Natural del Futuro. El desorden es la energía no disponible en un sistema cerrado. Esta energía varía directamente con cualquier cambio reversible dentro del sistema; Grado de desorden (incertidumbre en el sistema).

CAPÍTULO 15

EL INTERCAMBIO DE ENERGÍA ES DISCONTINUO

El desorden es el proceso Natural, que implica el Ciclo de Entropía de la energía no disponible debido a que su existencia fue negada, rechazada y reprimida en el Sistema Cerrado desde el principio. Esta Energía que existe en el Sistema no está capacitada (debido a ser negada, rechazada y reprimida) y ha sido indisponible por las mismas razones. Esta Entropía se convierte en anomalías para el Sistema Cerrado, la Única Función de esta Energía es eliminar o levantar las restricciones que mantienen el Sistema Cerrado.

La Energía de las Anomalías es un intercambio de Energía y por lo tanto es Energía Discontinua. Este Desorden es un Desorden Reversible cuando el Sistema está Abierto al Cambio.

El Desorden y la Incertidumbre (Anomalías) se relacionan directamente con la Función. La Función es el propósito, el origen o el principio de todo. Aunque la Energía que lo causa exista desde la Fase de Formación. La Función está directamente relacionada con la Fase de Cumplimiento o de Éxito. El cumplimiento es el propósito.

Ejemplo de: ("Esta es mi obra y mi gloria para llevar a cabo la inmortalidad y la vida eterna del hombre").

Teoría: La energía no disponible que causa la Incertidumbre del Desorden (anomalías, tanto similares como desviadas) desde la Fase de Formación pertenece al Cumplimiento final de la Fase de Éxito de todo el sistema.

¿Qué potencial de formación había para la Fase de Cumplimiento/Exito del Sistema?

La formación de una forma o molde particular en un estado determinado o según un modelo particular.

Modelar mediante la instrucción y la disciplina, un elemento esencial o básico para llegar a existir.

Forma: La forma, la estructura de algo a diferencia de su material. La naturaleza esencial de una cosa que se distingue de su materia, como una Idea; 1a. b: el componente de una cosa que determina su tipo, un método establecido de expresión o procedimiento, un procedimiento según una regla.

Norma: Norma autorizada, Principio de acción que sirve para guiar, regular la conducta adecuada y aceptable, Patrones, prácticas generalizadas, medidas, métrica.

Cumplir: Hacer pleno, poner en práctica, Ejecutar, cumplir con los requisitos de, llevar a término, convertir en Realidad, desarrollar todas las potencialidades de, realizar, lograr, alcanzar.

1. Efecto, Propósito, sentido, con sentido, la esencia sigue un curso, Poder para superar las influencias resistentes, rendimiento. En la sustancia, realizar, se convierte en la causa de llevar a cabo. Ponerlo en una posición o relación específica y llevar a ella un estado o condición específica. Dedicarse (uno mismo) a una actividad específica, luego crear una condición o causa para realizar la acción, expresarla y aplicarla, ponerla en marcha, en lugares de oposición.

2. Realidad: Cualidad o estado de ser Real, Totalidad de las cosas y de los acontecimientos, no derivado ni dependiente sino que existe necesariamente, estado de existir realmente.

2a Convertir en realidad

2b Llevar de una creencia, naturaleza física, condición a otra. Cambiar de función a otra para una utilización más afectiva. Transformar. Desarrollar plenamente.

3. Ejecutar, llevar a cabo plenamente, hacer todo lo previsto y requerido, llevar a cabo el diseño, realizar lo requerido, dar validez a, realizar, implementar, ver a través.

4. 1) Desarrollar, 2) Plena 3) Potencial. Exponer, aclarar los detalles, hacer visible, trabajar en las posibilidades de, producir mediante un esfuerzo deliberado durante un período de tiempo. Hacer activo, promover el crecimiento de, hacer disponible y capaz, proporcionar más oportunidades para el crecimiento efectivo incluso por los cambios sucesivos. Convertirse gradualmente, manifestarse en el ser y en el desarrollo. Antónimos; condensar, atrofiar.

No disponible No reconocido, No capacitado E (energía) diferencia de potencial para poner en efecto, para Ejecutar para "convertir en "Realidad" para "Desarrollar" las potencialidades completas desde la Fase de Formación y ya dentro del Sistema mismo desde la Formación.

La Uniformidad Inerte es el propósito del Ciclo de Entropía. El Desorden y la Incertidumbre traen la Uniformidad Inerte. Cuando respondemos adecuadamente al desorden y a la incertidumbre, el sistema en su conjunto puede seguir creciendo. La energía no disponible y no calificada dentro del sistema desde el principio se convierte en una parte del sistema entero para el progreso continuo.

Desorden: Perturbar las funciones regulares o normales del sistema. Alterar un sistema; Un estado de cosas que se han mezclado. Confusión, hacer el desorden. Las cosas se desordenan. No progresar, Entropía. Antónimo de Entropía; Negentropía.

Incertidumbre: Cualidad o estado de ser incierto. Duda, escepticismo, sospecha, desconfianza una falta de seguridad sobre alguien o algo. La incertidumbre puede ir desde la falta de certeza hasta la falta casi total de convicción o conocimiento, especialmente sobre un resultado. La duda sugiere incertidumbre e incapacidad para tomar una decisión. La duda, el escepticismo y la desconfianza son fenómenos naturales o debilidades humanas. No tienen que ver con el entorno exterior a nosotros, sino con nuestro interior. Tienen que ver con nosotros. La duda sugiere incertidumbre e incapacidad dentro de nosotros para tomar una decisión. El mundo, alguien o algo en el mundo no tiene la culpa. La duda se refiere a nuestros propios patrones de pensamiento, a nuestro pasado, a nuestras propias elecciones de acciones, no a las de otros.

Escepticismo: Es la falta de voluntad de creer sin pruebas concluyentes. La sospecha subraya la falta de fe en la verdad, la realidad, la imparcialidad o la fiabilidad de algo o alguien. Una vez más, estos, al igual que todo este libro, revelan el Holograma de usted, su verdadero ser interior, tal como ha sido programado sobre la tierra. Su hombre natural, que puede aprender a superar si lo elige. Las disposiciones y los principios del Evangelio, los mandamientos, no son una prueba, son el camino para superar nuestras propias debilidades humanas. Son el camino a la plenitud, a la felicidad y a la alegría. No sólo por las bendiciones de Dios, sino también por el hecho de que conoce nuestro verdadero ser interior, nuestra diferencia potencial, nuestras capacidades eternas, nuestras fuerzas y nuestra inteligencia. El escepticismo suena tan inocente, pero en realidad es la falta de voluntad de creer. A menos que se den pruebas concluyentes, no hay capacidad de creer. La fe no es un atributo verdadero cuando el escepticismo está presente.

La sospecha: La desconfianza se construye sobre la sospecha. En otras palabras, sin sospecha no habría desconfianza. La verdad, la realidad, la imparcialidad o la fiabilidad en algo o en alguien carece de fe. Falta de fe en la verdad, falta de fe en la realidad, falta de fe en la equidad o en la fiabilidad. La verdad no necesita de su fe. La verdad es la verdad, tanto si tiene fe en ella como si no. Dios es Dios, tanto si tiene fe en él como si no. La realidad no necesita su fe para ser realidad. La justicia o la fiabilidad siguen siendo todo lo que son con o sin su fe. ¿Quién es el que pierde cuando no tiene fe en estas cosas? Usted. Usted es la persona que pierde cuando carece de fe y está luchando con las sospechas. Estas son sus sospechas. La verdad, la realidad y todo eso no se ve afectado porque usted carece de fe. Antónimo de Sospecha; Certeza y Determinismo.

Ciclo de la Entropía

Las anomalías que experimentas en la vida son un reflejo directo de sus propias fuerzas internas que aún no ha reconocido y entrenado. ¿Cansado del cambio interminable? Aprenda el cambio sistémico. Cambio de Transformación y cambio Exponencial imprevisible.

Hacer cambios en 1 o 2 comportamientos, cambiar una creencia significativa, o un punto de elección es importante pero al final no tiene fin. La Visión del Mundo que desarrolla estos comportamientos y actitudes lo mantienen reciclando a través de interminables capas de patrones disfuncionales.

Aprenda a cambiar el Sistema para Transformar y lograr un Cambio Impredecible y Exponencial.

Haga un Cambio a Nivel de Identidad y Cambie toda su Visión del Mundo.

Para convertirse

Imprevisible: Aclimatada, no alcanzada, no reconocida, no actuada, no adaptada, no abordada, no admirada y no temida.

Sistémico: Relativo o común a un Sistema, como el que afecta a todo el sistema. Ejemplo: Abastecer a las partes del cuerpo que reciben la sangre a través de la aorta y no de las arterias pulmonares.

Éxito/Cantidad, "Exponente": Expresión simbolizada de la operación de la capacidad de elevarse al Poder.

Función "exponencial" de potencia: Relativo al Exponente, expresado por una función exponencial, caracterizado por, o siendo, un aumento extremadamente rápido en tamaño o extensión. Aumentar rápidamente, dispararse. Operación matemática que consiste en elevar una cantidad a una potencia. También llamada Involución. Todo este sistema de autoincremento dentro de cualquier sistema dado implica esta estructura matemática de envolver elementos de un sistema en los mismos o en otros elementos del sistema. Los propios sistemas pueden interactuar más fácilmente entre sí basándose en los elementos similares (datos).

Involución: El acto o una instancia de envolver o enredar (Involución). La complejidad exponencial crea una curvatura o penetración hacia el interior.

El Poder y la Función Exponencial de la visión del Ser, (relacionada con el Exponente, expresada por una función exponencial, caracterizada por o siendo un incremento extremadamente rápido en tamaño o extensión), directamente relacionada con la visión del Mundo, la Cantidad y el Exponente (Cantidad, "Exponente" expresión simbolizada de la operación de habilidad para elevarse al Poder) hace una curva hacia adentro en el lado del Éxito del Ciclo de Entropía. El Exponente no se identifica sin la Función Exponencial de la visión del Ser.

Hoy en día el Cambio en sí mismo ha Cambiado. Esto ha puesto nuestras vidas en confusión. Afrontar todos los cambios de la vida en sí misma se ha convertido en un reto tan grande que nos hemos perdido incluso al afrontar el cambio.

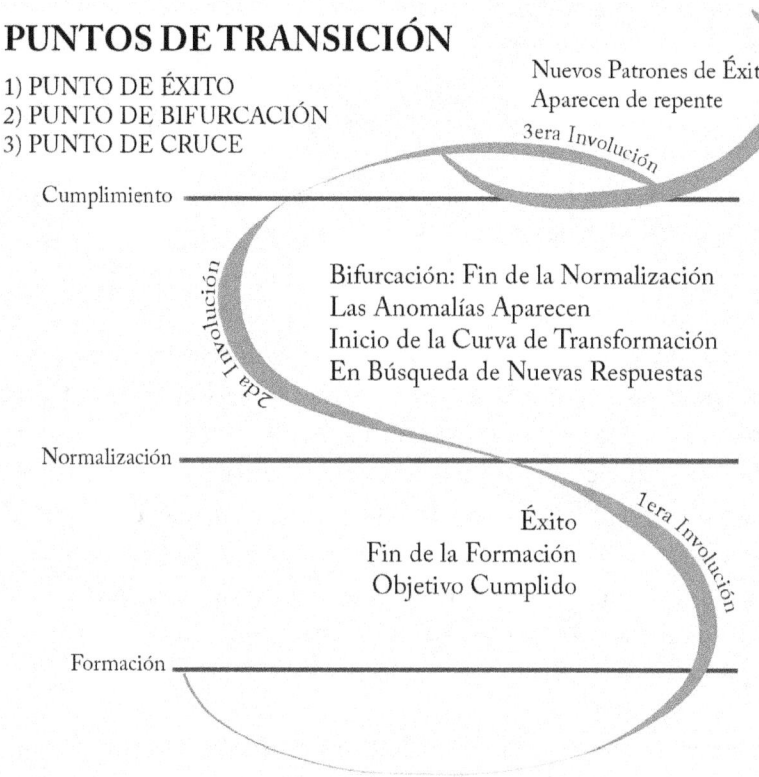

¿Por qué siempre hay una carga uniforme? para cualquier Éxito? Esto sucede porque todos los actos, procesos o instancias tienen límites en su origen o comienzo. El origen implica (se aplica) a las cosas o personas de las que algo se deriva en última instancia y, a menudo, a la causa que opera antes de que la cosa misma llegara a ser.

"Inicio" enfatiza el comienzo de algo sin implicar causa.

"Raíz" sugiere una fuente primera, última o fundamental que a menudo no es fácil de discernir.

Para "Transformar" hay que cambiar la Función. Al cambiar la Función se alcanza el Desorden Discontinuo.

Discontinuo: No continuo, no continuado, carente de secuencia o coherencia, usado de una variable o una Función.

Desorden: Alterar el orden o la función regular o normal.

Las anomalías, el Ciclo de Entropía crea la oportunidad de cambios Sistémicos. Esto se llama Cambio de Segundo Orden. El Cambio de Segundo Orden es un cambio Exponencial transformador e impredecible.

El Ciclo de Entropía designado por la letra S. Este ciclo siempre ha sido considerado sólo un hecho "y así es" como solía decir Walter Cronkite. Esto no es así, una vez que entendemos una cosa, también podemos superar dicha cosa. El ciclo de la Entropía de la Teoría de la Transformación Humana Holográfica afirma que la Entropía es uno de los Modelos de Transformación. Para transformar una cosa, hay que comprender verdaderamente lo micro y lo macro como uno solo. Usted debe entender la función de cada aspecto micro en lo que respecta a la función del macro (propósito completo).

La Entropía desde una percepción de Transformación representa el éxito y la progresión continua. La Teoría de la Transformación Humana Holográfica afirma que la transformación del ciclo de Entropía trae consigo Desorden Discontinuo e Incertidumbre discontinua. La Teoría de la Transformación Humana Holográfica afirma que una vez que toda la energía no disponible, no calificada y no reconocida (diferencia potencial) es reconocida, calificada y disponible dentro del sistema para su función en el mismo, comienza una Entropía totalmente nueva para el éxito, la progresión y el crecimiento continuos con una función y un propósito totalmente nuevos con nuevas diferencias potenciales. Crecimiento continuado, potencial continuado, Desorden e Incertidumbre en nuestras vidas siendo Discontinuo en lugar de Continuo, Nuevos Comienzos para nuestro crecimiento continuado Sólo apareciendo en nuestras vidas a medida que avanzamos.

La razón de esto es que entendemos el Desorden y la Incertidumbre a medida que crecemos y progresamos, reconocemos que viene de dentro de nuestro propio sistema y que tiene un propósito vital de diferencia potencial para el éxito dentro del sistema. Somos capaces de conocer el área dentro de nosotros donde reside la diferencia potencial, y tenemos un mapa o guía para ayudarnos a ver esto claramente en un nivel consciente.

El Mapa Humano Holográfico, que es el Mapa de nuestras propias Micro y Macro Funciones para nuestro propio Propósito Completo, colocado en la curva S, el Ciclo de Entropía, en nuestro orden de activación individual a través de nuestros sentidos, muestra el sentido específico en el que se encuentra la energía no disponible, no calificada. De nuevo, esto es un potencial real dentro del propio sistema. Esta energía real tiene una Función real dentro del Sistema que está dentro de nosotros mismos. Esta Energía no desaparece, ni siquiera se disipa, es una Energía continua, y continuará haciendo todo lo que está entrenado o capacitado para hacer para que el Macro, todo el sistema, el conjunto de usted lo reconozca. Por supuesto, no está entrenada ni capacitada para saber cuál es su función, así que lo negativo saldrá a la luz. Esto sucederá hasta que el Macro, Usted, lo reconozca. Reconozca la Diferencia Potencial dentro de usted, y Usted cambiará. Sus Funciones y su Propósito cambian.

Los primeros 3 sentidos activados son sus Creencias de la Visión del Mundo. Los últimos 3 sentidos activados son las creencias de su propia visión. Sus Creencias de la Visión del Mundo deben cambiar para que sus Creencias de la Visión del Ser dejen de reciclarse a través de sus patrones disfuncionales. Su Visión del Mundo y sus Creencias de la Propia Visión deben trabajar en paralelo entre sí, resolviendo juntos sus propios Desórdenes e Incertidumbres.

El 50% de los Datos que tiene el subconsciente para crear nuestros Modelos, Programas, nuestra Personalidad, Identidad y Creencias no son más que datos sensoriales. Estos datos sensoriales se basan en nuestros sentidos de la vista, el sonido, la energía, el tacto, el olfato y el gusto. Estos son los datos que el subconsciente tiene y utiliza para procesar y armar nuestra estructura automática subconsciente, patrones y procesos.

Escuchar la visión del mundo de otra persona (que mantiene el reciclaje de la visión del Ser a través de patrones disfuncionales), no cambia la visión del mundo (ni la visión del Ser). Puede reconfortar a una persona en el momento de "expresarlo", escuchar palabras amables a cambio, pero en última instancia será un proceso interminable de capa sobre capa de patrones disfuncionales del Ser.

La visión del Ser es el "Poder y la Función Exponencial de la Visión del Mundo". La función matemática en la que una variable independiente aparece en uno de los exponentes. También llamada exponencial. De o relativo a un exponente. Que implica una variable en un exponente (10x es una expresión exponencial). Expresable o aproximadamente expresable mediante una función exponencial. Especialmente caracterizado por un aumento extremadamente rápido (como en el tamaño o la extensión). Como una tasa de crecimiento exponencial. Aumentar rápidamente, dispararse, ser exponencial, surgir. Antónimo; caída en picado. De varias tasas de crecimiento. IE: Constante, lineal, polinómico; exponencial.

Proceso/Técnica: Crear un proceso de interrogación a partir de los puntos de vista del Ser "relacionando" el Sentido para utilizarlo en respuesta a su "Visión del Mundo" "Expresando". Basado en el orden de activación sensorial de un individuo, los diferentes sentidos y sus modelos y programas crearán diferentes visiones del Mundo y del Ser. Tal y como funciona el Ciclo de Entropía hoy en día, con la visión del Mundo y la del Ser sin reconocerse mutuamente, seguimos cayendo en picado, aunque podamos tener éxito.

Es cierto que la vida tiene altibajos. No es cierto que los seres vivos inteligentes no tengan voz ni efecto en los altibajos de la vida. La humanidad ni la inteligencia son un ciclo de entropía. Diferentes teorías plantean diferentes conceptos, pero el único hecho conocido es éste: Los seres humanos inteligentes vivos es todo lo que hemos conocido como un hecho de lo que venimos en esta tierra. Incluso los tubos de ensayo se remontan a nosotros. Los sistemas hechos por el hombre, como Walmart o McDonalds, han sobrevivido a la caída en picado del ciclo de la Entropía, ciertamente la humanidad, ya sea como individuos o como un todo holográfico, también puede sobrevivir a la caída en picado de la Entropía.

NEGENTROPÍA

La negentropía es el antónimo de la entropía. La Negentropía se crea al integrar cualquier Desorden e Incertidumbre en cualquier Sistema dado en el Sistema. El Desorden y la Incertidumbre son el resultado directo de cualquier anomalía que surja en el Sistema. La negentropía ocurre cuando el sistema reconoce, admite y entrena la energía que causa las anomalías y el Desorden e Incertidumbre. La Incertidumbre dentro del Sistema se refiere específicamente a las áreas de Duda del propio Sistema, a los escepticismos; la Desconfianza implica una auténtica Duda basada en Sospechas. En un Sistema Abierto esta energía se convierte en una parte bienvenida de las Funciones y el Potencial del Sistema.

Se trata de un proceso de integración, de tomar elementos interrelacionados e interdependientes de un sistema completo y hacer que trabajen juntos para el conjunto del sistema. 1) Estar seguro y tomar una decisión, 2) Estar dispuesto a creer sin pruebas concluyentes, tener fe en la verdad, la realidad, la equidad y la fiabilidad de algo o alguien, 3) Confiar en la elección, basándose en la fe en la verdad, la realidad, la equidad y la fiabilidad. Identifique los elementos interrelacionados e interdependientes dentro de su propio sistema y conviértase en un sistema abierto de negentropía.

La Totalidad es el Principio por el que las Anomalías trabajan naturalmente. La Totalidad es La Fuerza Unificadora que nos mantiene juntos, la unificación interna viene del macro-sistema con el fin de vivir y crecer. Lo que se resiste persiste. Esta fuerza promueve la Integración de todas las partes. Integrar, existe por la estructura, los patrones y los procesos. Los Sistemas Naturales están unificados de manera que hacen que las partes trabajen juntas, en paralelo, a través de las Leyes de Similitud y Correspondencia. Integraciones de Conceptos, Principios y Modelos que trabajan juntos para hacerlos Interrelacionados e Interdependientes.

Los Elementos están Interrelacionados e Interdependientes sin Desviación o cambio como en el Propósito de Acción, cada Elemento mantiene su propia Identidad, sus estructuras, patrones y proceso para el que existe.

La Unidad en la física es la unificación de los aspectos de los Sistemas Naturalmente Integrados, con una cualidad o estado de ser Múltiple.

La intención es la determinación del sistema, la Inercia del Sistema, desde el Principio.

La Visión del Mundo es la estructura, los patrones y los procesos a través de los cuales el Sistema ve el Mundo o el Entorno con respecto al Éxito del Sistema Completo. La Visión del Mundo se crea a través de los 3 primeros sentidos activados en el orden de activación de su Personalidad. Este es también el Exponente del Sistema Completo. También es la Cantidad del Éxito del Sistema Completo.

La visión de sí mismo se crea a través de los últimos 3 sentidos activados en su orden de activación de la Personalidad. Esto es el Poder y la FUNCIÓN Exponencial para la Visión del Mundo.

Para Transformar debes cambiar la Función. La Función es cambiada por:

1); Eliminar

2); Insertar

3); Permutar

Integrar (Unidad), el sentido del bien y del mal

Integración: Sistemas integrados: Los elementos y la función están interrelacionados y son interdependientes de otros elementos y funciones. Cambiar un Elemento de un Sistema Integrado afecta al resto de la totalidad del sistema. La integración es el proceso de hacer el Todo y esto funciona debido a los Principios de Correspondencia, Unidad, Realidad y Totalidad.

Sistémico; relativo o común a un Sistema, como el que afecta a todo el sistema. Por ejemplo, el suministro de las partes del cuerpo que reciben sangre a través de la aorta en lugar de las arterias pulmonares.

Éxito/Cantidad "Exponente": Expresión simbolizada de la operación de la capacidad de subir a la Potencia.

Potencia: Función "Exponencial", relativa al Exponente, expresada por una función exponencial, que se caracteriza o es un aumento extremadamente rápido en tamaño o extensión. Aumentar rápidamente, SUBIR...

La operación matemática de elevar la Cantidad a una Potencia, llamada también, involución.

Involución: El acto o un caso de envolver o enredar: (Involución). Exponencial, complejidad. Una curvatura o penetración hacia el interior.

La Potencia y la Función Exponencial de la visión del Ser, directamente relacionadas con la Cantidad y el Exponente de la visión del Mundo hacen una curva hacia adentro en el lado del Éxito del Ciclo de la Entropía. El Exponente no se identifica sin la Función Exponencial de la visión del Ser.

Hoy en día el Cambio en sí mismo ha Cambiado. Esto ha puesto nuestras vidas en turbulencia. Afrontar todos los cambios de la vida en sí se ha convertido en un reto tan grande que nos hemos perdido incluso al afrontar el cambio.

¿Por qué siempre hay una carga uniforme, para cualquier Éxito? Esto sucede porque todos los actos, procesos o instancias tienen límites en su origen o comienzo. El origen implica (se aplica) a las cosas o personas de las que algo se deriva en última instancia y, a menudo, a la causa que opera antes de que la cosa misma llegara a existir. "Inicio" subraya el comienzo de algo sin implicar causa. "Raíz" sugiere una fuente primera, última o fundamental que a menudo no es fácil de discernir.

Para transformar hay que cambiar la Función. Al cambiar la Función se llega al Desorden Discontinuo.

Las anomalías y el ciclo de la entropía crean la oportunidad de cambios sistémicos. Esto se llama Cambio de Segundo Orden. El Cambio de Segundo Orden es un cambio Exponencial Transformativo e impredecible.

MATEMÁTICAS

E por 10, elevado a un exponente indicado.

N, símbolo no especificado como exponente

La visión de sí mismo es el "Poder y la Función Exponencial de la Visión del Mundo".

La negentropía convierte el Desorden y la Incertidumbre dentro del Desorden e Incertidumbre discontinuos. No sólo desaparece para no volver nunca más, sino que es acogido y capacitado en todo el sistema y se convierte en discontinuo.

La Visión del Mundo debe cambiar para que la Visión del Ser deje de reciclarse a través de sus patrones disfuncionales y la Visión del Ser debe cambiar para que la Visión del Mundo cambie.

Integrar las 2 visiones de manera interrelacionada e interdependiente hace que ambas visiones cambien juntas e independientemente.

Ejemplo de esto: el sentido del tacto, los elementos, las teorías, las preguntas y no tomar acción. Muchos de nosotros en cambio, tomamos acción cuando estamos emocionados en el presente. Dejar de comunicar y no crear diálogos de la situación ni nuevas teorías para aplicar.

CAPÍTULO 16

CURVA EN "S"

Lo primero es la Formación: Explorar las posibilidades hasta descubrir o inventar patrones de éxito.

La segunda es Normalización: Los patrones de éxito se repiten una y otra vez.

La tercera es el Cumplimiento: La Curva "S" comienza a aplanarse un poco aún en ascenso, el crecimiento se logra ahora integrando diferencias y modificaciones en el patrón original. El sistema alcanza su punto álgido y luego comienza a declinar, habiendo alcanzado su máxima expresión posible.

El Cambio Incremental es un sinfín de pequeños cambios en los comportamientos

El Cambio Transformativo es un Cambio imprevisible y exponencial. Representa un Cambio de Nivel de Identidad.

Estructura de la Transformación

Cambiar por Naturaleza, Función, condición.

3 Puntos de Transición: 1); Punto de Éxito, 2) Punto de Bifurcación, 3): Punto de Cruce.

1); Éxito: Fin de la fase de formación, propósito cumplido.

2); Punto de bifurcación: Fin de la Fase de Normalización, aparecen las anomalías. Inicio de la Curva de Transformación. (En busca de nuevas respuestas).

3); Punto de Cruce: Aparece de repente un nuevo Patrón de Éxito, (Discontinuidad). Saltando la Curva, la Curva del Cambio.

1) La Edad/Era de la Integridad

2) La Edad/Era de la Luz

Hacer las cosas bien. Hacer las cosas bien. Sólo el Sistema Completo puede volar.

Educar significa Sacar, no Verter.

1): Cualidades únicas, talentos de cada uno.

Un sentido de lo común entre el individuo y su entorno, el hilo común que tienen entre sí y un vínculo con el mundo natural.

Un equilibrio y armonización de la individualidad única con el sentido de lo común.

Los seres humanos tienen características y atributos representativos de las debilidades, simpatías y fortalezas, y por la naturaleza de sus mentes pueden procesar y evaluar sus vidas y muchas otras cosas. Tienen una existencia consciente y pueden percibir y concebir otras cosas en la existencia real.

Para transformar, la clave de la fórmula que afecta a la transformación es la FUNCIÓN. La función es la operación literal que convierte una cosa en otra. La función se cambia haciendo una o todas las siguientes cosas: Borrar, Insertar o Permutar. Borrar o Eliminar es el primer elemento, insertar es el segundo elemento y permutar es el tercer elemento de la transformación. Transformar la función utilizando alguno o todos los elementos mencionados. La integración es un proceso de unificación (Unidad). El ser humano transforma e integra por naturaleza. Su sentido inherente del bien y del mal, de acuerdo con su propia naturaleza y determinado por ella. Adán y Eva comieron la manzana, el árbol del conocimiento del bien y del mal. Ellos se convirtieron en mortales, nosotros somos su descendencia. Nacemos en la mortalidad sabiendo lo correcto y lo incorrecto, lo bueno y lo malo. Este conocimiento está programado en nuestro ser. Este sentido afecta a otros programas de nuestro ser. La uniformidad inerte es una respuesta de este conocimiento. Sistemas cerrados, Entropía, Correspondencia, todo funciona alrededor del árbol del conocimiento. La permutación es un cambio importante y fundamental (como en un carácter o condición), basado principalmente en la reorganización de los elementos existentes. Cambiar por el acto o proceso, el orden lineal de y conjunto ordenado o arreglos de carácter o condiciones.

Un salto cuántico es una transición abrupta (como la de un electrón, un átomo, una molécula) de un estado energético discreto a otro. Identidad y semejanza de carácter esencial o genético en diferentes instancias. La igualdad en todo lo que constituye la realidad objetiva de una cosa. Cualidad cuyo efecto es dejar inalterado lo multiplicado (El número que se va a multiplicar por otro). El ser sigue siendo el ser, aunque el carácter y la condición puedan cambiar. La meta sigue siendo la meta, el objetivo sigue siendo el objetivo aunque el carácter y la condición de la meta y el objetivo puedan cambiar.

La comunicación es un proceso mediante el cual se intercambia información entre individuos a través de un sistema común de símbolos, signos o comportamientos, intercambio de información.

Comunicación: El acto o proceso de transferir datos.

Modelo de curación: 2 enfoques: 1) Físico, 2): Espiritual.

1) Físico= Nutrición, Fitness, Mantenimiento Higiénico del Cuerpo

2) Espiritual= Matriz del Sistema Corporal, Integración de Creencias, Sistemas Adictivos (Cerrados), Sistema Energético.

El lenguaje de las emociones en relación con el modelo humano holográfico. Inocencia: En ningún sentido. La inocencia engendra más inocencia.

La humillación es la última estrategia de limitación.

Esforzarse por alcanzar un estado de inocencia consiste en conocerse a uno mismo y ser uno mismo independientemente de las circunstancias de la vida. La inocencia no consiste en la ingenuidad, sino en estar abierto a la retroalimentación del entorno. Inocencia en no volverse disfuncional, es expandirse en tu ser en medio de las circunstancias de la vida que no puedes controlar.

Las propiedades y características de nuestro ser natural no necesitan ser formadas o añadidas, sólo expandidas. El Mundo Interior del Ser es diferente al Mundo Exterior del Hacer. Los seres humanos son buenos y merecedores por naturaleza.

Los modelos son representaciones internas de nuestras experiencias. Un Modelo no es una Memoria, es un conjunto de Memorias. PARADIGMAS (Programas en el Subconsciente Humano).

Algoritmo de los Elementos de la Teoría de la Transformación Humana Holográfica

(SIMILIARES)Mente-emoción-cuerpo-Identidad-comunicación-creación-Padre-madre-hijo-Sistemas naturales-elementos-Consciente-subconsciente-límbico-Referencia-decisión-motivador-Borrar-distancia-generalizar-Estructura-patrones-procesos-Espacio-tiempo- materia-pasado-presente-futuro- Datos- información-modelo-Simbólico-energético-cuerpo entero-datos-información-conocimiento-Borrar-distancia-generalizar-Datos-proceso-información-Datos-diálogo-conocimiento-Recepción-almacenamiento-transmisión-dirección- pregunta-modelo-Acción-sin acción-dejar que otros actúen-Patrones-programas y modelos-Intento-contexto-contenido-Datos-información-alimentación-

Recepción-almacenamiento-transmisión-Transmisión-recepción-mensaje-Intento-contexto-contenido-Símbolos-letras- números-notas musculares-sentidos-imágenes-Simpatías-fracturas-fuerzas-Esperanza-fe-caridad-Cambios en los programas-modelos-creencias-Altura-Lateral-Profundidad-Espacio-ambiente-auto-nutrición-aptitud-higiene-Sistema corporal-creencia-integración.

Sonido y Vista

(SIMILIARES)Mente-emoción-mente-cuerpo-mente-Identidad-comunicación-identidad-creación-identidad-Padre-madre-padre-hijo-padre-Sistemas naturales-elementos naturales-natales-Consciente-subsconsciente-consciente-límbico-consciente-Referencia-decisión-referencia-motorización-Estructura-patrones-estructura-procesos-estructura-Espacio-tiempo-materia-espacio-Pastos presente-pasado-futuro-pasado-Datos- información-datos-modelo-datos-Simbólico-energético-simbólico-cuerpo entero-datos-información-datos-conocimiento-datos-Borrar-distancia-borrar-generalizar-borrar-Datos procesamiento-datos-información-datos-diálogo-datos-conocimiento-datos-Recepción-almacenamiento-recepción-transmisión-recepción-Dirección-pregunta-modelo-dirección dirección-Acción-no acción-acción-dejar que otros actúen-acción-Patrones-programas-patrones y modelos-patrones-Intento-contexto-intento-contenido-intento-Datos-información-datos-recepción-transmisión-recepción-transmisión- recepción-transmisión-recepción-transmisión-mensaje-intento-contexto-intención-contenido-intento-Símbolos-letras-símbolos-números- Símbolos-notas musicales-sentidos-notas musicales-imágenes-notas musicales- Simpatías-fuerzas-simpatías-esperanza-fe-esperanza-caridad-esperanza-Cambios en los programas-modelos-cambios-creencias-cambios-altura-lateral-altura-profundidad-espacio-enviatura-espacio-autoespacio-nutrición-fitness-nutrición-higiene-nutrición-sistema corporal-creencia-cuerpo-integración-cuerpo.

Tacto y Energía

(SIMILIARES)Mente-emoción-emoción-cuerpo-emoción-Identidad-comunicación-creación-comunicación-Padre-madre-hijo-madre-Sistemas naturales-sistemas-elementos-sistemas-Consciente-subconsciente-límbico-subconsciente-Referencia-decisión-decisión-motivador-decisión-Estructura-patrones-patrones-procesos-patrones-Espacio-tiempo-materia-pasado-presente- presente-futuro-prsente- Datos-información-información-modelo-información-Simbólico-energético-energético-cuerpo entero-datos-información-información-conocimiento-información-Borrar-distorsión-distorsión-generalizar-distorsión-Procesamiento de datos-procesamiento-información- -Datos-diálogo-diálogo-conocimiento-diálogo-Recepción-almacenamiento-transmisión-almacenamiento-Dirección-pregunta- pregunta-modelo-pregunta- Acción-no acción-no acción-dejar que otros tomen acción-no acción-Patrones-programas-programas-modelos-programas-Intento-contexto-contenido-contexto-Datos-información-información-alimentación-información-recepción-almacenamiento-transmisión-almacenamiento-transmisión-recepción-mensaje-recepción-Símbolos-letras-letras-números-letras-Musc notas sentidos- sentidos-imágenes-sentidos-Simpatías-frailidades-fuerzas-frailidades-Esperanza-fe-fe-caridad-fe-Cambios en los programas-modelos-modelos-creencias-modelos-Altura-lateral-Lateral-Profundidad-lateral-Espacio-ambiente-ambiente-autoestima-Nutrición-aptitud física-higiene-aptitud física-Sistema corporal-creencia-integración-creencia

Gusto y Olfato

(SIMILIARES)Mente-cuerpo-emoción-cuerpo-identidad-crear-comunicar-crear-crear-Padre-hijo-madre-niño-elementos naturales-sistemas-elementos-consciente-límbico-subconsciente-límbico-referencia-motivador-decisión-motivador-motivador-Estructura-procesos-patrones-procesos-procesos-espacio-materia-tiempo-materia-pasado-futuro-presente-futuro Datos-modelo-información-modelo-simbólico-cuerpo entero-energético-cuerpo entero-cuerpo entero-Datos-conocimiento-información-conocimiento-borrar-generalizar-distorsionar-generalizar-datos-información-procesar-información-información--datos-conocimiento-diálogo-conocimiento-recepción-transmite-almacenamiento-transmite-dirección-modelo-pregunta-modelo Acción-dejar que otros actúen-sin acción-dejar que otros actúen-dejar que otros actúen-Patrones-modelos-programas-modelos-intento-contenido-contexto-contenido-datos-retroalimentación-información-retroalimentación-recepción-transmisión-almacenamiento-transmisión-transmisión-mensaje-recepción-mensaje-contenido-contexto-contenido-símbolos-números-letras- números-números-notas musc-imágenes-sentidos-cuadros-imágenes-simpatía-fuerza-fuerza-esperanza-caridad-caridad-cambios en los programas-creencias-modelos-creencias-altura-profundidad-lateral-profundidad-espacio-entorno-autoestima-nutrición-higiene-forma física-higiene-sistema corporal-integración-creencia-integración-integración.

(UNIDAD/DESVIACIÓN) Negar-rechazar-reprimir-No reconocido-No disponible-No entrenado-Duda-Incertidumbre-creencias limitantes-Similar-desviación-trastorno de aleatoriedad-Acción-función-proceso-Sin valor- Estabilidad-caos-trastorno de aleatoriedad-Integración-realidad-procesamiento de datos-Miedo-vergüenza-culpa.

Sonido y vista

(UNIDAD/DESVIACIÓN) Negación-rechazo-denegación-represión-negación-desacuerdo-desacuerdo-desacuerdo-desacuerdo-desacuerdo-desacuerdo-desacuerdo- incertidumbre-desacuerdo-creencias limitantes-desacuerdo-desacuerdo-desacuerdo-desacuerdo-desacuerdo-desagregación-desagregación-desagregación-desagregación-desagregación-desagregación-desagregación-desagregación-desagregación-desagregación-desagregación-desagregación-desagregación-desagregación Acción-función-acción-proceso-acción-Sin-valor- sin-valor- sin-valor- Estabilidad- caos-estabilidad-desorden de aleatoriedad-estabilidad-Integración-realidad- integración-procesamiento de datos-integración-Miedo-vergüenza-miedo-culpa-miedo.

Tacto y energía

(UNIDAD/DESVIACIÓN) Negación-refugio-represión-refugio-No reconocido-No disponible-No disponible-No entrenado-No disponible-Duda- Incertidumbre-creencias limitantes- Incertidumbre-Similar-desviación-desviación-desorden aleatorio- desviado-acción-función-proceso-función-sin-valor-desvalido-estabilidad-caos-desorden de aleatoriedad-caos-integración-realidad-procesamiento de datos-realidad-miedo-vergüenza-culpa-vergüenza.

Gusto y Olfato

Acción-proceso-función-proceso-proceso-Sin valor-sin valor-sin valor-Estabilidad-desorden de aleatoriedad-desorden de aleatoriedad-desorden de aleatoriedad-Integración-procesamiento de datos-realidad-procesamiento de datos-miedo-culpa-culpa-culpa.

(INTEGRAR) Admitir-aceptar-expresar-forma-norma-cumplir-punto de éxito-punto de bifurcación-punto de cruce-borrar-insertar-permutar-similar-unidad-integrar-desorden natural-desorden discontinuo-identidad imprevisible-totalidad-correspondencia-modelos-procesos-creencias-integración-conceptos-principios-patrones de éxito-extensión de patrones-considerando anomalías-naturaleza-función-condición-estado de salida.

Sonido y vista

(INTEGRADORA) Admitir-aceptar-admitir-expresar-admitir-Forma-forma-cumplir-forma-Punto de éxito-punto de bifurcación-punto de éxito-punto de cruce-punto de éxito-Borrar-insertar-permutar-borrar-Similar-unidad-similar-integrar-similar-Desorden natural-desorden discontinuo-desorden natural-identidad imprevisible-desorden natural Totalidad-totalidad-correspondencia-suficiencia-Modelos-procesos-modelos-creencias-modelos-Integración-conceptos-integración-principios-integración-Patrones de éxito-extensión de patrones-patrones de éxito-consideración de anomalías-patrones de éxito-Naturaleza-función-naturaleza-condición-naturaleza-resultado-estado-resultado.

Tacto y energía

(INTEGRADORA) Admitir-aceptar-aceptar-expresar-aceptar-Formar-norma-cumplir-norma-Punto de éxito-punto de bifurcación-punto de cruce-punto de bifurcación-Borrar-insertar-permutar-insertar-similar-unidad-unidad-integrar-desorden natural-desorden discontinuo-identidad imprevisible-desorden discontinuo

Totalidad-totalidad-totalidad-correspondencia-totalidad-Modelos-procesos-procesos-creencias-procesos-Integración-conceptos-conceptos-principios-conceptos-Patrones de éxito-patrones extendidos- considerando anomalías-patrones extendidos-Naturaleza-función-condición-función-condición-condición-estado-condición.

Gusto y olfato

(INTEGRADORA) Admitir-expresar-aceptar-expresar-expresar-formar-cumplir-normar-cumplir-cumplir-éxito-punto-cruzar sobre punto-cruzar sobre punto-permutar-permutar-permutar-similar-integrar-unidad-integrar-integrar-desorden natural-identidad imprevisible-desorden discontinuo-identidad imprevisible-identidad imprevisible Totalidad-correspondencia-totalidad-correspondencia-modelos-creencias-procesos-creencias-integración-principios-conceptos-principios-principios-patrones de éxito-considerando anomalías-extendiendo patrones-considerando anomalías-considerando anomalías-naturaleza-condición-función-condición-condición-salida-estado-condición-estado.

ALGORITMOS SECUENCIADOS Y CORRESPONDIENTES A LOS SENTIDOS

Sonido y Vista

(Añadir el primer elemento a los otros 2 elementos por conjunto de la totalidad

(SIMILIARES)Mente-emoción-mente-cuerpo-mente-Identidad-comunicar-identidad-crear-identidad-Padre-madre-padre-hijo-padre-Sistemas naturales-elementos naturales-natales-Consciente-subconsciente-consciente-límbico-consciente-Referencia-decisión-referencia-motivador-Estructura-patrones-estructura-procesos-estructura-Espacio-tiempo-espacio-materia- espacio-pasado-presente-pasado-futuro-pasado-datos-información-datos-modelo-datos-simbólico-energético-simbólico-cuerpo entero-datos-información-datos-conocimiento-datos-borrar-distancia-borrar-generalizar-borrar-datos-procesamiento-datos-información-datos-diálogo-datos-conocimiento-datos-recepción-recepción-transmite-recepción-dirección-pregunta-dirección-modelo-dirección-acción-sin-acción-dejar-que-otros-tomen-acción-patrones-programas-patrones y modelos-patrones-Intento-contexto-intento-contenido-datos-información-datos-retorno-recepción-transmisión-mensaje-transmisión- Intención-contexto-intento-contenido-intento-Símbolos-letras-símbolos-números-símbolos-notas musicales-sentidos-notas musicales-imágenes-notas musicales- Simpatías-fractos-simpatías-fuerzas-esperanza-fe-caridad-esperanza-desplazamientos en los programas-modelos-desplazamientos-creencias-altura-lateral-altura-profundidad-altura-Espacio-envío- espacio-autoespacio-nutrición-aptitud-nutrición-higiene-nutrición-sistema corporal-creencia-cuerpo-integración-cuerpo.

Sonido y Vista

(UNIDAD/DESVIACIÓN) Negación-rechazo-denegación-represión-negación-No reconocido-no disponible-no reconocido-no entrenado-no reconocido-Duda-incertidumbre-duda-creencias limitantes-duda-Similar-desviación-similar-desorden aleatorio-similar- Acción-función-acción-proceso-acción-Sin-valor- sin-valor- sin-valor- Estabilidad- caos-estabilidad-desorden de aleatoriedad-estabilidad-Integración-realidad- integración-procesamiento de datos-integración-Miedo-vergüenza-miedo-culpa-miedo.

Sonido y Vista

(INTEGRANDO) Admitir-aceptar-admitir-expresar-admitir-Forma-norma-forma-cumplimiento-forma-Punto de éxito-punto de bifurcación-punto de éxito-punto de cruce-punto de éxito-Borrar-insertar-borrar-permutar-borrar-Similar-unidad-similar-integrar-similar-Desorden natural-desorden discontinuo-desorden natural-identidad imprevisible-desorden natural Totalidad-totalidad-correspondencia-suficiencia-Modelos-procesos-modelos-creencias-modelos-Integración-conceptos-integración-principios-integración-Patrones de éxito-extensión de patrones-patrones de éxito-considerando anomalías-patrones de éxito-Naturaleza-función-naturaleza-condición-naturaleza-salida-condición-estado-resultado.

Tacto y energía

(Añadir el segundo elemento de a los otros 2 elementos del conjunto)

(SIMILIARES)Mente emoción-emoción-cuerpo emoción-Identidad-comunicar-crear-comunicarse-Padre-madre-madre-hijo-madre-Sistemas-naturales-sistemas-elementos-sistemas-Consciente-subsconsciente-subconsciente-límbico-subconsciente- Referencia-decisión-decisión-motivador-decisión-Estructura-patrones-patrones-procesos-patrones-Espacio-tiempo-materia-pasado presente-presente-futuro-presente-Datos-información-información-modelo-simbólico-energético-energético-cuerpo entero-datos-información-conocimiento-información- Borrar-distorsionar-distorsionar-generalizar-distorsionar-procesar-datos-procesar-información- -Datos-diálogo-diálogo-conocimiento-diálogo-recepción-almacenamiento-transmite almacenamiento-dirección-pregunta-pregunta-modelo-pregunta- Acción-sin-acción-dejar-que-otros-tomen-acción-sin-acción-Patrones-programas-programas-modelos-programas-Intento-contexto-contenido-contexto-Datos-información-información-alimentación-información-recibir-almacenamiento-transmisión-almacenamiento-transmitir-recibir-mensaje-recibir-Símbolos-letras-letras números-cartas-notas musculares-sentidos-sentidos-imágenes-sentidos-simpatías-frailidades-fuerzas-frailidades-Esperanza-fe-fe-caridad-fe- Cambios en los programas- modelos-modelos-creencias-modelos-Altura-lateral-Lateral-Profundidad-lateral-Espacio-ambiente-ambiente-autoestima-Nutrición-aptitud-fitness-higiene-aptitud-sistema corporal-creencia-integración-creencia.

Tacto y energía

(UNIDAD/DESVIACIÓN) Negar-refusar-reprimir-refusar-No reconocido-No disponible-No disponible-No entrenado-No disponible-Duda- Incertidumbre- Creencias limitantes- Incertidumbre-Similar-Desviación- Desorden de aleatoriedad- desviado-acción-función-proceso-función-sin-valor-desvalido-estabilidad-caos-desorden de aleatoriedad-caos-integración-realidad-procesamiento de datos-realidad-miedo-vergüenza-culpa-vergüenza.

Tacto y energía

(INTEGRAR) Admitir-aceptar-aceptar-expresar-aceptar-Formar-norma-cumplir-norma-Punto de éxito-punto de bifurcación-punto de cruce-punto de bifurcación-Borrar-insertar-permutar-insertar-Similar-unidad-unidad-integrar-desorden natural-desorden discontinuo-identidad imprevisible-desorden discontinuo Totalidad-totalidad-correspondencia-totalidad-Modelos-procesos-procesos-creencias-procesos-Integración-conceptos-conceptos-principios-conceptos-Patrones de éxito-patrones extendidos-patrones extendidos-considerando anomalías-patrones extendidos-Naturaleza-función-condición-función-salida-condición-estado-condición.

Gusto y Olfato

(Añadir el tercer elemento de cada elemento a los otros 2 elementos del mismo conjunto)

(SIMILIARES)Mente-cuerpo-emoción-cuerpo-identidad crear-comunicar crear-crear-Padre-hijo-madre-hijo-natural-elementos-sistemas-elementos-consciente-límbico-subconsciente-límbico-referencia-motivador-decisión-motivador-estructura-procesos-patrones-procesos-procesos-espacio-materia-tiempo-materia-pasado-futuro-presente-futuro Datos-modelo-información-modelo-simbólico-cuerpo entero-energético-cuerpo entero-cuerpo entero-Datos-conocimiento-información-conocimiento-borrar-generalizar-distorsionar-generalizar-datos-información-procesar-información-información-datos-conocimiento-diálogo-conocimiento-recepción-transmite-almacenamiento-transmite-dirección-modelo-pregunta-modelo Acción-dejar que otros actúen-sin acción-dejar que otros actúen-dejar que otros actúen-Patrones-modelos-programas-modelos-intento-contenido-contexto-contenido-datos-retroalimentación-información-retroalimentación-recepción-transmisión-almacenamiento-transmisión-transmisión-mensaje-recepción-mensaje-contenido-contexto-contenido-símbolos-miembros-letras- números-números-notas musculares-imágenes-sentidos-cuadros-imágenes-simpatía-fuerza-fuerza-esperanza-caridad-caridad-cambios en los programas-creencias-modelos-creencias-altura-profundidad-lateral-profundidad-espacio-ambiente-autoestima-nutrición-higiene-forma física-higiene-sistema corporal-integración-creencia-integración-integración-.

Gusto y Olfato

Acción-proceso-función-proceso-proceso-Sin valor-sin valor-sin valor-Estabilidad-desorden de aleatoriedad-desorden de aleatoriedad-desorden de aleatoriedad-Integración-procesamiento de datos-realidad-procesamiento de datos-miedo-culpa-culpa.

Gusto y olfato

(INTEGRAR) Admitir-expresar-aceptar-expresar-expresar-Formar-cumplir-normar-cumplir-acceder-punto-cruzar sobre punto-cruzar sobre punto-permutar-permutar-similar-integrar-unidad-integrar-integrar-desorden natural-identidad imprevisible-desorden discontinuo-identidad imprevisible-identidad imprevisible Totalidad-correspondencia-totalidad-correspondencia-modelos-creencias-procesos-creencias-integración-principios-conceptos-principios-principios-patrones de éxito-considerando anomalías-extendiendo patrones-considerando anomalías-considerando anomalías-naturaleza-condición-función-condición-condición-salida-estado-condición-estado.

SONIDO

(SIMILIARES)Mente-emoción-mente-cuerpo-identidad-comunicación-identidad-creación-padre-madre-padre-niño-padre-Sistemas naturales-elementos naturales-consciente-subconsciente-límbico-consciente-Referencia-decisión-referencia-motivador referencia-estructura-patrones-estructura-procesos-estructura-espacio-tiempo-espacio-materia-pasado-presente-pasado-futuro-pasado-datos-información-datos-modelo-datos-simbólicos-energéticos-simbólicos-cuerpo entero-datos-información-datos-conocimiento-datos-borrar-distancia-borrar- generalizar-borrar-procesamiento de datos-datos-información-datos-diálogo-datos-conocimiento-datos-Recepción-almacenamiento-recepción-transmisión-recepción-Dirección-pregunta-dirección-modelo-dirección-Acción-sin acción-acción-dejar que otros actúen-acción-Patrones-programas- patrones y modelos-patrones-Intento-contexto-intento-contenido-intento-Datos-información-datos-retroalimentación-datos-Recepción-reconocimiento-transmisión-recepción-transmisión-mensaje-transmisión-intento-contexto-contenido-intento-Símbolos-letras-símbolos-números símbolos-notas musicales-sentidos-notas musicales-imágenes-notas musicales- Simpatías-fragilidades-fuerzas-simpatías-Esperanza-fe-esperanza-caridad-esperanza-cambios en los programas-modelos-cambios-creencias-cambios-altura-lateral-altura-profundidad-espacio-enviatura-espacio-autoespacio-nutrición-fitness-nutrición-higiene-nutrición-sistema corporal-creencia-cuerpo-integración-cuerpo.

(UNIDAD/DESVIACIÓN) Negación-rechazo-denegación-represión-negación-desacuerdo-desacuerdo-desacuerdo-desacuerdo-desacuerdo-desacuerdo-desacuerdo-desacuerdo-desacuerdo-incertidumbre-desacuerdo-creencias limitantes-desacuerdo. Acción-función-acción-proceso-acción-Sin-valor-desvalor- Estabilidad-caos-estabilidad-aleatoriedad-desorden-estabilidad-Integración-realidad- integración-procesamiento de datos-integración-Miedo-vergüenza-miedo-culpa-miedo.

(INTEGRACIÓN) Admitir-aceptar-admitir-expresar-admitir-Forma-forma-cumplimiento-forma-Punto de éxito-punto de bifurcación-punto de éxito-punto de cruce-punto de éxito-Borrar-borrar-permutar-borrar-Similar-unidad-similar-integrar-similar-Desorden natural-desorden natural-identidad imprevisible-desorden natural Totalidad-totalidad-correspondencia-suficiencia-Modelos-procesos-modelos-creencias-modelos-Integración-conceptos-integración-principios-integración-Patrones de éxito-extensión de patrones-patrones de éxito-consideración de anomalías-patrones de éxito-Naturaleza-función-naturaleza-condición-naturaleza-salida-condición-resultado-estado-resultado.

VISTA

(SIMILARES)Mente-emoción-mente-cuerpo-mente-Identidad-comunicación-identidad-creación-identidad-Padre-madre-padre-hijo-padre-Sistemas naturales-elementos naturales-naturales-Consciente-subconsciente-consciente-límbico-consciente-Referencia-decisión-referencia-motivador-estructura- patrones-estructura-procesos-estructura-espacio-tiempo-espacio-materia- espacio-pasado-presente-pasado-futuro-pasado-datos-información-datos-modelo-datos-simbólico-energético-simbólico-cuerpo entero-simbólico-datos-información-datos-conocimiento-datos-borrar-borrar-generalizar-borrar-datos-procesamiento-datos-información-datos-diálogo-datos-conocimiento-datos- Recepción-almacenamiento-recepción-transmisión-recepción-dirección-pregunta-dirección-modelo-dirección-acción-sin-acción-dejar-que-otros-tomen-acción Patrones-programas-patrones y modelos-patrones-Intento-contexto-intento-contenido-intento-datos-información-datos-retorno-recepción-recepción-transmisión-mensaje-transmisión- Intento-contexto-intento-contenido-intento-Símbolos-letras-símbolos-números-símbolos-notas musicales-sentidos-notas musicales-imágenes-notas musicales- Simpatías-fractos-simpatías-fuerzas-esperanza-esperanza-caridad esperanza-cambios en los programas-modelos-cambios-creencias-cambios-altura-lateral-altura-profundidad-espacio-enviatura-espacio-autoespacio-nutrición-aptitud-nutrición-higiene-nutrición-sistema corporal-creencia-cuerpo-integración-cuerpo.

(UNIDAD/DESVIACIÓN) Negación-rechazo-denegación-represión-negación-desacuerdo-desacuerdo-desacuerdo-desacuerdo-desacuerdo-desacuerdo-desacuerdo-desacuerdo-desacuerdo-incertidumbre-desacuerdo-creencias limitantes-desacuerdo.

Acción-función-acción-proceso-acción-Sin-valor-desvalor-Estabilidad-caos-estabilidad-aleatoriedad-desorden-estabilidad-Integración-realidad- integración-procesamiento de datos-integración-Miedo-vergüenza-miedo-culpa-miedo.

(INTEGRACIÓN) Admitir-aceptar-admitir-expresar-admitir-Forma-forma-cumplimiento-forma-Punto de éxito-punto de bifurcación-punto de éxito-punto de cruce-punto de éxito-Borrar-borrar-permutar-borrar-Similar-unidad-similar-integrar-similar-Desorden natural-desorden discontinuo-desorden natural-identidad imprevisible-desorden natural Totalidad-totalidad-correspondencia-suficiencia-Modelos-procesos-modelos-creencias-modelos-Integración-conceptos-integración-principios-integración-Patrones de éxito-extensión de patrones-patrones de éxito-consideración de anomalías-patrones de éxito-Naturaleza-función-naturaleza-condición-naturaleza-salida-condición-resultado-estado-salida.

TACTO

(SIMILIARES)Mente-emoción-mente-cuerpo-mente-Identidad-comunicación-identidad-creación-padre-padre-hijo-padre-Sistemas naturales-elementos naturales-natales-Consciente-subconsciente-consciente-límbico-consciente-Referencia-decisión-referencia-motivador-estructura-patrones-estructura-procesos-estructura-espacio-tiempo-espacio-materia-espacio-pasado-pasado presente-pasado-futuro-pasado-Datos-información-datos-modelo-datos- Simbólico-energético-simbólico-cuerpo entero-simbólico-Datos-información-datos-conocimiento-datos-borrar-distancia-borrar-generalizar-borrar-datos-procesamiento-datos-información-datos-diálogo-datos-conocimiento-datos-recepción-almacenamiento-recepción-transmisión-recepción-dirección-cuestionamiento-dirección-modelo dirección-Acción-no acción-acción-dejar que otros actúen-acción-Patrones-programas-patrones y modelos-patrones-Intento-contexto-contenido-intento-Datos-información-datos-retorno-datos-Recepción-almacenamiento-recepción-transmisión-mensaje-transmisión-Intento-contexto-contenido-intento-Símbolos-letras-símbolos-números- símbolos-notas musicales-sentidos-notas musicales-imágenes-notas musicales-simpatías-fractos-fuerzas-simpatías-esperanza-fe-esperanza-caridad-esperanza-cambios en los programas-modelos-cambios-creencias-altura-lateral-altura-profundidad-altura-Espacio-enviatura-espacio-autoespacio-nutrición-aptitud-nutrición-higiene-nutrición-sistema corporal-creencia-cuerpo-integración-cuerpo

(UNIDAD/DESVIACIÓN) Negación-rechazo-denegación-represión-negación-desacuerdo-desacuerdo-desacuerdo-desacuerdo-desacuerdo-desacuerdo-desacuerdo-desacuerdo-desacuerdo-incertidumbre-desacuerdo-creencias limitantes-desacuerdo-desacuerdo-desacuerdo-desacuerdo-desacuerdo-desacuerdo-desacuerdo-desacuerdo-desacuerdo-desacuerdo-desacuerdo-desacuerdo-desacuerdo-desacuerdo-desacuerdo-desacuerdo-desacuerdo-desacuerdo-desacuerdo. Acción-función-acción-proceso-acción-Sin-valor-desaparecido- Estabilidad-caos-estabilidad-aleatoriedad-desorden-estabilidad-Integración-realidad- integración-procesamiento de datos-integración-Miedo-vergüenza-miedo-culpa-miedo.

(INTEGRACIÓN) Admitir-aceptar-admitir-expresar-admitir-Forma-forma-cumplimiento-forma-Punto de éxito-punto de bifurcación-punto de éxito-punto de cruce-punto de éxito-Borrar-borrar-permutar-borrar-Similar-unidad-similar-integrar-similar-Desorden natural-desorden discontinuo-desorden natural-identidad imprevisible-desorden natural Totalidad-totalidad-correspondencia-suficiencia-Modelos-procesos-modelos-creencias-modelos-Integración-conceptos-integración-principios-integración-Patrones de éxito-extensión de patrones-patrones de éxito-consideración de anomalías-patrones de éxito-Naturaleza-función-naturaleza-condición-naturaleza-resultado-estado-resultado.

ENERGÍA

(SIMILIARES)Mente-emoción-mente-cuerpo-mente-Identidad-comunicación-identidad-creación-identidad-Padre-madre-padre-hijo-padre-Sistemas naturales-elementos naturales-natales-Consciente-subconsciente-consciente-límbico-consciente-Referencia-decisión-

referencia-motivador-estructura-patrones-estructura-procesos-
estructura-espacio-tiempo-espacio-materia-espacio-pasado-pasado
presente-pasado-futuro-pasado-Datos-información-datos-modelo-
datos- Simbólico-energético-simbólico-cuerpo entero-simbólico-
Datos-información-datos-conocimiento-datos-borrar-distancia-borrar-
generalizar-borrar-datos-procesamiento-datos-información-datos-diálogo-
datos-conocimiento-datos-recepción-almacenamiento-recepción-
transmisión-recepción-dirección-cuestionamiento-dirección-modelo
dirección-Acción-no acción-acción-dejar que otros actúen-acción-
Patrones-programas-patrones y modelos-patrones-Intento-contexto-
contenido-intento-Datos-información-datos-retorno-datos-Recepción-
almacenamiento-recepción-transmisión-mensaje-transmisión-Intento-
contexto-contenido-intento-Símbolos-letras-símbolos-números-
símbolos-notas musicales-sentidos-notas musicales-imágenes-notas
musicales-simpatías-fractos-fuerzas-simpatías-esperanza-fe-esperanza-
caridad-esperanza-cambios en los programas-modelos-cambios-creencias-
altura-lateral-altura-profundidad-altura-Espacio-enviatura-espacio-
autoespacio-nutrición-aptitud-nutrición-higiene-nutrición-sistema
corporal-creencia-cuerpo-integración-cuerpo

(UNIDAD/DESVIACIÓN) Negar-rechazar-denunciar-reprimir-negar-No
reconocido-no disponible-no reconocido-no entrenado-no reconocido-
Doubt- incertidumbre-doubt-creencias limitantes-doubt-Similar-
desviación-similar-desorden aleatorio-similar-Acción- función-acción-
proceso-acción-sin-valor- sin-valor- sin-valor-Estabilidad- caos-estabilidad-
desorden de aleatoriedad-estabilidad-Integración-realidad-integración-
procesamiento de datos-integración-Miedo-vergüenza-miedo-culpa-miedo.

(INTEGRACIÓN) Admitir-aceptar-admitir-expresar-admitir-Forma-
forma-cumplimiento-forma-Punto de éxito-punto de bifurcación-punto
de éxito-punto de cruce-punto de éxito-Borrar-borrar-permutar-borrar-
Similar-unidad-similar-integrar-similar-Desorden natural-desorden
discontinuo-desorden natural-identidad imprevisible-desorden natural
Totalidad-totalidad-correspondencia-suficiencia-Modelos-procesos-
modelos-creencias-modelos-Integración-conceptos-integración-principios-
integración-Patrones de éxito-extensión de patrones-patrones de

éxito-consideración de anomalías-patrones de éxito-Naturaleza-función-naturaleza-condición-naturaleza-resultado-condición-estado-resultado.

GUSTO

(SIMILIARES)Mente-cuerpo-emoción-cuerpo-identidad-crear-comunicar-crear-crear-Padre-hijo-madre-hijo-niño-elementos naturales-sistemas-elementos-consciente-límbico-subconsciente-límbico-referencia-motivador-decisión-motivador-motivador-Estructura-procesos-patrones-procesos-procesos-espacio-materia-tiempo-materia-pasado-futuro-presente-futuro-futuro- Datos-modelo-información-modelo-Simbólico-cuerpo entero-energético-cuerpo entero-cuerpo entero-Datos-conocimiento-información-conocimiento-borrar-generalizar-distorsionar-generalizar-datos-información-procesar-información-información-datos-conocimiento-diálogo-conocimiento-recepción-transmite-almacenamiento-transmite-dirección-modelo-pregunta-modelo Acción-dejar que otros actúen-sin acción-dejar que otros actúen-dejar que otros actúen-Patrones-modelos-programas-modelos-intento-contenido-contexto-contenido-datos-retroalimentación-información-retroalimentación-recepción-transmisión-almacenamiento-transmisión-transmisión-mensaje-recepción-mensaje-contenido-contexto-contenido-símbolos-miembros-letras- números-números-notas-musculares-imágenes-sentidos-imágenes-imágenes-simpatía-fuerza-fuerza-esperanza-caridad-caridad-cambio de programas-creencias-modelos-creencias-creencias-altura-profundidad-lateral-profundidad-espacio-ambiente-autoestima-nutrición-higiene-aptitud-higiene-sistema corporal-integración-creencia-integración-integración.

(UNIDAD/DESVIACIÓN) Negar-reprimir-rechazar-reprimir-reprimir- No reconocido-no entrenado-no disponible-no entrenado-no entrenado-Duda- creencias limitantes-incertidumbre-creencias limitantes-creencias limitantes-Similar-trastorno de aleatoriedad-desviación-trastorno de aleatoriedad-trastorno de aleatoriedad-Acción-proceso-función-proceso-proceso-Sin valor-sin valor-sin valor-Estabilidad-desorden de aleatoriedad-desorden de aleatoriedad-desorden de aleatoriedad-Integración-procesamiento de datos-realidad-procesamiento de datos-miedo-culpa-culpa-culpa.

(INTEGRAR) Admitir-expresar-aceptar-expresar-expresar-formar-cumplir-norma-cumplir-cumplir-éxito-punto-cruzado sobre punto-bifurcación-punto-cruzado sobre punto-borrar-permutar-permutar-similar-integrar-unidad-integrar-integrar-desorden natural-identidad impredecible-desorden discontinuo-identidad impredecible-identidad impredecible. Totalidad-correspondencia-totalidad-correspondencia-modelos-creencias-procesos-creencias-integración-principios-conceptos-principios-principios-patrones de éxito-considerando anomalías-extendiendo patrones-considerando anomalías-considerando anomalías-naturaleza-condición-función-condición-condición-salida-estado-condición-estado.

OLFATO

(SIMILIARES)Mente-cuerpo-emoción-cuerpo-identidad-crear-comunicar-crear-crear-Padre-hijo-madre-hijo-niño-elementos naturales-sistemas-elementos-consciente-límbico-subconsciente-límbico-referencia-motivador-decisión-motivador-motivador-Estructura-procesos-patrones-procesos-procesos-materia-espacio-tiempo-materia-pasado-futuro-presente-futuro-futuro Datos-modelo-información-modelo-simbólico-cuerpo entero-energético-cuerpo entero-datos-conocimiento-información-conocimiento-borrar-generalizar-distorsión-generalizar-datos-información-proceso-información-datos-conocimiento-diálogo-conocimiento-recepción-transmisión-almacenamiento-transmisión-dirección-modelo-pregunta-modelo Acción-dejar que otros actúen-sin acción-dejar que otros actúen-dejar que otros actúen-Patrones-modelos-programas-modelos-Intento-contenido-contexto-contenido-datos-retroalimentación-información- retroalimentación-recepción-transmisión-almacenamiento-transmisión-transmisión-mensaje-recepción-mensaje-Intento-contenido-contexto-contenido-símbolos-letras- números-números-Musc notas-cuadros-sentidos-cuadros-imágenes-simpatías-fortalezas-fuerzas-fuerzas-esperanza-caridad-caridad-cambio de programas-creencias-modelos-creencias-creencias-altura-profundidad-lateral-profundidad-espacio-autonomía-autonomía-nutrición-higiene-idoneidad-higiene-sistema corporal-integración-creencia-integración-integración.

(UNIDAD/DESVIACIÓN) Negar-reprimir-rechazar-reprimir-reprimir-No reconocido-no entrenado-no disponible-no entrenado-no entrenado-Duda- creencias limitantes-incertidumbre-creencias limitantes-creencias limitantes-Similar-trastorno de aleatoriedad-desviación-trastorno de aleatoriedad-trastorno de aleatoriedad-acción-proceso-función-proceso-proceso-sin-valor-sin-valor-estabilidad-desorden de aleatoriedad-desorden de aleatoriedad-desorden de aleatoriedad-Integración-procesamiento de datos-realidad-procesamiento de datos-miedo-culpa-culpa-culpa.

(INTEGRADORA) Admitir-expresar-aceptar-expresar-expresar-formar-cumplir-normar-cumplir-cumplir-éxito punto-cruzado sobre punto-bifurcación punto-cruzado sobre punto-permutar-permutar-permutar-similar-integrar-unidad-integrar-integrar-desorden natural-identidad imprevisible-desorden discontinuo-identidad imprevisible-identidad imprevisible Totalidad-correspondencia-totalidad- correspondencia-correspondencia-Modelos-creencias-procesos-creencias-integración-principios-conceptos-principios-principios-patrones de éxito-considerando anomalías-extendiendo patrones-considerando anomalías-considerando anomalías-Naturaleza-condición-función-condición-condición-salida-estado-condición-estado-estado.

Capítulo 17

TEORÍA DE LA TRANSFORMACIÓN DE LA TOTALIDAD

HUMANO HOLOGRÁFICO
TEORÍA DE LA TRANSFORMACIÓN HUMANA

Basado en la forma en que desarrollamos Modelos, Procesos, Creencias (Visiones del Mundo). A través de la integración, los conceptos, los principios y los modelos funcionan juntos.

HECHOS:

- ❖ Los seres humanos son sistemas naturales
- ❖ El ser humano es un sistema
- ❖ El Sistema Humano está compuesto por Elementos y Funciones.

Las Totalidades del Sistema son una entidad o agregación de Elementos y Funciones que forman un Todo Completo o Totalidad. Principio de Totalidad, Unicidad, Totalidad. Cada Totalidad consiste en 3 elementos separados que se corresponden juntos como uno, interrelacionados, interdependientes. Primer elemento de cada totalidad asociado a los sentidos del sonido y la vista. Segundo elemento de cada totalidad asociado a los sentidos del tacto y la energía. Tercer elemento de cada totalidad asociado a los sentidos del olfato y del gusto.

Sistema de Aprendizaje Holográfico

Sistema de Salud Holográfico

TOTALIDADES Y SUS ELEMENTOS

1. TOTALIDAD: Tanto si está hecho por el hombre como por Dios, cualquier sistema consta de otras partes de las que depende para estar completo. *Integrar la totalidad*

1er. elemento: ACCIÓN.
2do. Elemento: IDENTIDAD.
3er. Elemento: FUNCIÓN; de contenidos de la totalidad dada.

2. SISTEMA ABIERTO: *Integrar la Totalidad*

1er elemento: ADMITIR; Reconocer, reconocer los datos de su entorno.
2º Elemento: ACEPTAR; Crear un diálogo de los datos del entorno y teorizar sobre ello.
3º Elemento: EXPRESAR; Ser un modelo vivo de tu teoría.

3. SISTEMA CERRADO: *Totalidad Desviada (Unidad)*

1er elemento: NEGAR; Ni siquiera notar los datos en el entorno. Ignorar o mentir sobre las cosas hasta el punto de convencerse de que no es cierto.
2do. Elemento: RECHAZAR; Responde emocionalmente lo suficiente como para hacer saber al entorno que no tolerarás sus comentarios o datos.
3er elemento: REPRESIÓN; Minimizar la retroalimentación o los Datos de una manera que exprese que no te importan.

4. TIEMPO: *Totalidad Similar*

1er elemento: PASADO; haber existido o tenido lugar en un periodo anterior al presente.
2do. Presente: PRESENTE; Actual, aquí, ahora.

3er Elemento: FUTURO; De, relativo a o que constituye un tiempo verbal que expresa el tiempo que está por venir.

5. ELECCIÓN: *Totalidad Similar*

1er Elemento: ACTUAR; Hacer algo sobre o para una experiencia, evento o circunstancia.
2do. Elemento: NO ACTUAR; No hacer nada por una experiencia, evento o circunstancia.
3er Elemento: DEJAR QUE OTROS TOMEN ACCIÓN; No hacer algo sobre o en respuesta a que otro u otros hagan algo.

6. SER NATURAL (Niveles superiores de la función del sistema humano):

Totalidad similar

1er Elemento: IDENTIDAD/PERSONALIDAD; Condición o hecho de relacionarse con una persona determinada.
2do. Elemento: COMUNICACIÓN/INFORMACIÓN; Proceso mediante el cual se intercambia información entre individuos a través de un sistema común de símbolos, signos, comportamientos.
3er Elemento: CREACIÓN; El acto de hacer, inventar o producir algo nuevo.

7. CAMBIO: *Integración de la Totalidad*

1er Elemento: DIRECCIÓN; Orientación o supervisión de la acción o la conducta, instrucciones explícitas.
2do. Elemento: PREGUNTA; Expresión interrogativa que se utiliza a menudo para comprobar conocimientos.
3er Elemento: MODELO; Persona cuyo comportamiento en un determinado papel es imitado por otros.

8. NATURALEZA: La naturaleza es una totalidad. La naturaleza es la esencia, el carácter inherente o la constitución básica de una persona o cosa. Fuerza interior o suma de fuerzas de un individuo,

fuerza controladora del universo. La naturaleza son las fuerzas que se distinguen por sus características fundamentales o de esencia.

El mundo exterior en su totalidad y las cualidades controladas genéticamente de un organismo. Instinto. Totalidad similar

1er elemento: ESTRUCTURA; Disposición en un patrón u organización definida, un arreglo de partículas o partes en una sustancia o cuerpo. La estructura es la organización de las partes dominada por el carácter general de un sistema completo. La estructura es la configuración, el diseño y la arquitectura de un conjunto.

2do Elemento: PATRÓN; El patrón es la configuración natural o artificial de un sistema con muestras fiables de rasgos, actos, tendencias u otras características observables de un sistema. Un sistema discernible y coherente basado en las interrelaciones previstas de las partes componentes. La disposición estructural, el ordenamiento, las plantillas de la forma en que una cosa está armada, la secuenciación.

3er elemento: PROCESO; Los procesos son progresivos y avanzan en un fenómeno natural marcado por cambios graduales que conducen hacia un resultado particular. Actividad o función continua, natural o biológica, en una serie de acciones u operaciones que conducen a un fin. Integrar la información sensorial recibida para generalizar una acción o respuesta.

9. SABIDURÍA: Integrar la totalidad

1er elemento: DATOS; Lo que se oye y se ve del entorno.
2do. Elemento: INFORMACIÓN; Crear un diálogo de los Datos y crear Teorías sobre ellos.
3er Elemento: CONOCIMIENTO; Hecho o condición de conocer algo a través de la experiencia o la asociación con la aplicación de la misma.

10. TRANSFORMACIÓN: *Integración de la Totalidad*

1er Elemento: ELIMINAR; Eliminar, remover, borrar, recortar, borrar.
2do. Elemento: INSERTAR; Poner, añadir, adjuntar, introducir.

3er Elemento: PERMUTAR (REARMAR); Cambio importante o fundamental como en el carácter o condición basado principalmente en la reordenación de los elementos existentes.

11. SIN: Totalidad desviada (unidad)

1er Elemento: CULPA; El hecho de haber cometido una conducta, violar la ley o causar una ofensa, conscientemente.
2do. Elemento: VERGÜENZA; Emoción dolorosa causada por la culpa consciente.
3er Elemento: MIEDO; Tener miedo, esperar con alarma.

12. AMOR: *Totalidad Similar*

1er Elemento: FE; Lealtad al deber, sinceridad de intenciones.
2º Elemento: ESPERANZA; Apreciar un deseo con anticipación.
3er Elemento: CARIDAD; Buena voluntad benévola o amor a la humanidad.

13. FAMILIA: *Totalidad Similar*

1er Elemento: PADRE; Hombre que ha engendrado un hijo, o que reconoce legalmente el suyo.
2do. Elemento: MADRE; Una mujer que ha concebido y dado a luz un hijo, o reconoce legalmente al hijo como suyo.
3er Elemento: NIÑO; Persona no nacida o recién nacida.

14. DIVINIDAD: *Integrar la Totalidad*

1er Elemento: PADRE; La primera persona de la Divinidad. El creador divino.
2do. Elemento: HIJO; Hijo Unigénito, Jesucristo.
3er Elemento: EL ESPÍRITU SANTO; La tercera persona de la Trinidad.

15. CEREBRO HUMANO: *Totalidad Similar*

1er Elemento: CONSCIENTE; Percibir, evaluar, juzgar y decidir con cierto grado de pensamiento u observación.
2do Elemento: SUBCONSCIENTE; Existe en la mente pero no está inmediatamente disponible para el consciente, actividades mentales justo por debajo del umbral del consciente. Procesa los datos antes de que el consciente tenga acceso a ellos. Es subjetivo respecto a los datos.
3er Elemento: SISTEMA LÍMBICO; Grupo de estructuras subcorticales del cerebro que se ocupan de la emoción y la motivación. (Hipotálamo, hipocampo y amígdala).

16. PROCESAMIENTO DEL LENGUAJE: *Totalidad Similar*

1er Elemento: SIMBÓLICO; Se caracteriza por los símbolos, que representan algo más. IE: números, semejanza, un acto que representa algo en la mente subconsciente que ha sido representado.
2do Elemento: ENERGETICO; Que funciona con o está marcado por el vigor o el efecto, de o relativo a la energía.
3er Elemento: CUERPO ENTERO; Que tiene todas sus partes o componentes propios, ser físico completo.

17. ÉXITO: *Integración de la Totalidad*
1er Elemento: FORMA; el espacio y la estructura de algo, la naturaleza esencial de una cosa a diferencia de su materia. IE; una idea.
2do. Elemento: NORMA; Un estándar de desarrollo o logro derivado del promedio o la mediana.
3er Elemento: CUMPLIR; Lograr o realizar algo que se ha propuesto.

18. REALIDAD: Cualidad o estado de ser real como en un evento, entidad o estado de cosas. La totalidad de las cosas y acontecimientos reales, la actualidad de la existencia. *Totalidad Similar*

1er elemento: ESPACIO; Una extensión limitada en una, dos o tres dimensiones.
2do. Elemento: TIEMPO; Estándar de medida entre eventos, circunstancias o condiciones.

3er elemento: MATERIA; La sustancia de la que está compuesto un objeto físico. Sustancia material que ocupa espacio, tiene masa y está compuesta predominantemente por átomos formados por protones, neutrones y electrones, que constituye el universo observable y que es interconvertible con la energía. Sustancia material de un tipo particular o para un propósito particular.

19. CONTINUUM DE LA COMUNICACIÓN: *Totalidad Similar*

1er Elemento: TRANSMITIR; Enviar o transmitir de una persona o lugar a otra.
2do. Elemento: RECIBIR; Entrar en posesión de. Asimilar a través de la mente o los sentidos.
3er Elemento: MENSAJE; Comunicación por escrito, de palabra o por señales.

20. CONTINUO ESPACIO TIEMPO: *Integrar la Totalidad*

1er Elemento: EVENTO; algo que sucede.
2do Elemento: CONDICIÓN; Estipulación o disposición de la que depende el cumplimiento de un acuerdo, También circunstancias.
3er Elemento: PROCESO; Fenómeno natural marcado por cambios graduales que conducen a un resultado determinado. Una actividad o función natural o biológica continua.

21. VISIÓN DEL MUNDO: *Totalidad Similar*

1er elemento: INDIVIDUAL; Ser un individuo o existir como un todo indivisible, destinado a una persona.
2do. Elemento: FAMILIA; Grupo de personas de ascendencia común.
3er elemento: SOCIEDAD; Una asociación voluntaria de individuos para fines comunes, un grupo organizado que trabaja en conjunto o se reúne periódicamente debido a intereses comunes.

22. VISIÓN DE SÍ MISMO: *Totalidad Similar*

1er Elemento: YO; Yo abstracto.
2do. Elemento: YO MISMO; Yo temporal del individuo reflexivo, que anticipa un viejo yo o un primer yo.
3er Elemento: YO; "Uno mismo" el conjunto de todos los aspectos que constituyen la individualidad de la persona.

23. VISIÓN DE SÍ MISMO DEL HOMBRE NATURAL: Totalidad Desviada (Unidad)

1er. elemento: DEBILIDAD; La condición de ser débil o delicado. Debilidad de carácter o de moral, propensión a la tentación. Falta debida a un estado de debilidad. Todo drama comienza con la fragilidad humana. YO.
2do. Elemento: SIMPATÍAS; Afinidad, asociación o relación entre personas o cosas, en la que lo que afecta a una afecta a la otra. Susceptibilidad mutua o paralela o una condición provocada por ella. Unidad o armonía en la acción o el efecto. Inclinación a pensar o sentir de forma similar. MISMO.
3er. Elemento: FUERZAS; Cualidad o estado de ser fuerte, capacidad de esfuerzo o resistencia. Poder de resistencia. Solidez. YO

24. VISIÓN DEL MUNDO DEL HOMBRE NATURAL: Totalidad Desviada (Unidad)

1er Elemento: INCERTIDUMBRE; INDIVIDUAL. Falta de seguridad. Conocimiento inseguro. No es fiable. Información imperfecta o desconocida. No tener plena confianza. Falta de conocimiento o de fe. Seguridad.
2do. Elemento: DUDAS; FAMILIA. No aceptar. Sensación de incertidumbre o falta de convicción. Poner en duda la verdad. Una falta de confianza en, una desconfianza. Dudar en creer. Habilidad
3er Elemento: LIMITAR LAS CREENCIAS; LA SOCIEDAD. Convicción restrictiva de la verdad de alguna afirmación o de la realidad de algún fenómeno. Funcionamiento como límite, valor restrictivo limitante, siendo un factor ambiental. Límites basados en la programación y las experiencias de la vida. Sin límites.

25. MEMORIA: *Totalidad Similar*

1er Elemento: REAL; Relacionado con las preocupaciones y actividades cotidianas: Serio, Genuino.
2do. Elemento: VICARIO; Incluso que se han borrado: Respuesta imaginativa o subjetiva en experiencias ajenas: Ocurrido, inesperado o anormal: Experiencia de otro.
3er Elemento: GENÉTICO; Relativo y determinado por el origen. Presente en el nacimiento o desarrollo en la infancia sin necesidad de instrucción. Ancestral, heredado, instintivo o natural.

26. HUMANO: *Totalidad Similar*

1er Elemento: MENTE; El elemento o complejo de elementos en un individuo que siente, percibe, piensa, quiere, razona.
2do. Elemento: EMOCIÓN; El aspecto afectivo de la conciencia, el sentimiento.
3er Elemento: CUERPO; Sustancia física organizada de un ser.

27. ENTROPÍA: *Totalidad Desviada (Unidad)*

1er Elemento: DESORDEN.
2do. Elemento: INCERTIDUMBRE.
3er Elemento: CAÍDA EN PICADA.

28. META PROGRAMAS: *Totalidad Similar*

1er Elemento: PROCESAMIENTO DE DATOS; Entrada ambiental IE: Sonido, Vista.
2do. Elemento: PATRÓN Y ALMACENAMIENTO DE LA INFORMACIÓN; Diálogo de los datos, identificación de las repeticiones del diálogo archivando la información en el subconsciente.
3er Elemento: COMPRESIÓN PARA LA ELABORACIÓN DE MODELOS; Programas en el subconsciente para ayudar a archivar y almacenar datos ambientales y de respuesta consciente en programas más generalizados.

29. EDUCAR: Cualidades únicas, talentos de cada uno. Integración de la Totalidad

1er Elemento: SENTIDO DE COMÚN; Asociación de la información con la experiencia individual de uno mismo o de los demás.
2do. Elemento: UNA PERTENENCIA Y ARMONIZACIÓN DE LA INDIVIDUALIDAD ÚNICA CON UN SENTIDO DE LO COMÚN.
3er Elemento: SENTIDO DE COMÚN; ASOCIACIÓN DE LA INFORMACIÓN CON LA EXPERIENCIA INDIVIDUAL DE UNO MISMO O DE LOS DEMÁS.

30. CORRESPONDENCIA: *Integración de la Totalidad*

1er elemento: SIMILITUDES; Asociado con cosas en común.
2do. Elemento: UNIDAD (DESVIACIONES); Todas las cosas que no se asocian en similitudes consisten en desviaciones y deben encontrar una forma de asociarse más similar para Unificarse. Todas las cosas deben unificarse para estar alrededor de las otras.
3er Elemento: INTEGRACIÓN; La única manera de que rasgos, eventos, educación, datos, condiciones, cualquier cosa desviada pueda llegar a la unidad es integrando. Integrar es un proceso de cambio de algo de un nivel de identidad para conseguir que las cosas se integren. Integrar es encontrar un propósito común del todo desde todos los aspectos.

31. MENSAJE: *Totalidad Similar*

1er Elemento: INTENCIÓN; El estado de ánimo con el que se hace una cosa.
2do. Elemento: CONTENIDO; Algo contenido en algo.
3er Elemento: CONTEXTO; Las condiciones interrelacionadas en las que algo existe o se produce.

32. PROCESAMIENTO DE DATOS: *Totalidad Similar*

1er Elemento: RECEPCIÓN, PROCESAMIENTO INTERNO: El acto o acción o instancia de recibir.

2do. Elemento: ALMACENAMIENTO (MODELOS Y MEMORIAS): Espacio o lugar para almacenar; el acto de almacenar.

3er Elemento: TRANSMISIÓN (MODELOS Y RECUERDOS): TRANSMISIÓN A TRAVÉS DE NUESTRO LENGUAJE: Enviar o transmitir de una persona o lugar a otra. Causar o permitir que se propague.

33. CAMBIO TRANSFORMATIVO: *Integración de la Totalidad*

1er Elemento: CONOCERSE A SI MISMO:
2do. Elemento: SANARSE A SI MISMO:
3er elemento: CONOCER Y SANAR A LOS DEMÁS:

34. INCERTIDUMBRE: Totalidad Desviada (unidad)

1er Elemento: ESCEPTICISMO; Doctrina de que el verdadero conocimiento en un área particular es incierto.
2do. Elemento: DUDAR; Falta de confianza.
3er Elemento: DESCONFIANZA; Dudar de la confianza, validez o eficacia.

35. DESORDEN (ENERGÍA NO DISPONIBLE): *Totalidad Desviada (Unidad)*

1er Elemento: DESPEDIDO; Rechazando incluso el reconocimiento para admitir.
2do. Elemento: INHABILITADO; Una serie de partes o elementos que trabajan juntos para constituir un sistema para producir resultados que aún no han aprendido el proceso.
3er. Elemento: INHABILITADO; No haber adquirido el dominio o la destreza en algo. (como en una técnica).

36. SANACIÓN: *Intengración de la Totalidad*

1er Elemento: ESPIRITUAL; Eclesiástico más que laico o temporal.
2do. Elemento: ENERGÍA; Entidad fundamental de la naturaleza que se transfiere entre las partes de un sistema en la producción de un cambio

físico dentro del sistema y que suele considerarse como la capacidad de realizar un trabajo.

3er Elemento: FÍSICO; con existencia material, percepción a través de los sentidos y sujeto a las leyes de la naturaleza.

37. BLOQUEOS: Los bloqueos son sentidos bloqueados y los programas que se crean por una combinación de la experiencia sensorial en sí misma Y nuestra respuesta consciente a la experiencia sensorial. Dependiendo del orden de activación y del sentido que está bloqueado, usted tiene menos o cero acceso a cada función y proceso en su patrón de activación. Puede que sólo disponga de la mitad de su capacidad de referencia, decisión o motivación y de la mitad de su visión del mundo o de sí mismo. Totalidad Desviada (Unidad)

1er Elemento: MINOR; orden de activación de los nueros donde los datos están bloqueados pero el SNC puede activar a través de esa área del cerebro, pero el siguiente sentido activado procesa sus datos y los datos de los datos bloqueados menores.

2do. Elemento: MAYOR; Un bloqueo en el cerebro de los datos que el SNC no puede ejecutar y el SNC tendrá que volver a disparar, a través de los datos que acaba de disparar.

3er Elemento: COMPLEJO; Bloqueo de los datos que el SNC no puede atravesar y no retrocede, sino que cruza por el lado opuesto del cuerpo a los datos sensoriales que están enfrente. Ningún otro dato sensorial entre los datos bloqueados y los datos cruzados es procesado.

38. EVENTO: *Integración de la Totalidad*

1er Elemento: ESTADO; Estado de ánimo o temperamento.
2do. Elemento: CONDICIÓN; Algo esencial para la apariencia y la ocurrencia.
3er Elemento: RESULTADO; Resultado o consecuencia.

39. TOTALIDAD (PLENITUD): Datos necesarios para la conclusión de las cosas, para determinar el resultado de un proceso. Una de las entradas individuales de una matriz matemática o determinante. *Integración de la Totalidad*

1er elemento: MENTAL CON LOS SENTIDOS DEL SONIDO Y LA LUZ.
2do. Elemento: EMOCIONAL CON LOS SENTIDOS DEL TACTO Y LA ENERGÍA.
3er Elemento: FÍSICO CON LOS SENTIDOS DEL GUSTO Y EL OLFATO.

40. VISIÓN DEL MUNDO DEL HOMBRE: Integración de la Totalidad

1er Elemento: LA SUPERVIVENCIA.
2do. Elemento: HABILIDAD.
3er Elemento: SIN LÍMITE.

41. VISIÓN PROPIA DEL HOMBRE: Integración de la Totalidad

1er Elemento: HABILIDAD/FUERZA.
2do. Elemento: EMPATÍA.
3er elemento: ESTAMINA.

42. DESORDEN: *Desviación (Unidad) Totalidad*

1er Elemento: SIMILAR; Que tiene características en común, que se parece en la sustancia o en lo esencial.
2do Elemento: DESORDEN DE DESVIACIÓN; Alteración de las funciones normales de forma anormal o inusual.
3er Elemento: DESORDEN ALEATORIO; Perturbar las funciones regulares o normales de forma fortuita.

43. PUNTO MÁS BAJO: *Desviación de la Totalidad (Unidad)*

1er Elemento: SIN AYUDA; Sin protección ni apoyo.
2do. Elemento: SIN ESPERANZA; Incapaz de redimirse o mejorar.
3er Elemento: INÚTIL; Inútil.

44. ANOMALÍA: *Desciación de la Totalidad (Unidad)*

1er Elemento: SIMILAR; estrictamente comparable, que tiene características en común.

2do. Elemento: DESVIAR; Hacer que se desvíe de un curso anterior.
3er Elemento: DESORDENAR; Perturbar las funciones regulares o normales.

45. LEJOS DEL EQUILIBRIO: *Desviación de la Totalidad (Unidad)*

1er Elemento: ESTABILIDAD; Cualidad o estado de ser estable. No avanzar ni cambiar.
2do. Elemento: CAOS; Estado confuso y desorganizado de la materia primordial antes de la creación
3er Elemento: DESORDEN ALEATORIO.

46. INDICADORES SENSORIALES: *Totalidad similar*

1er Elemento: REFERENCIA; Remitir o consultar.
2do. Elemento: DECISIÓN; Determinación a la que se llega tras un examen.
3er Elemento: MOTIVADOR; Emocionar, energizar, activar.

47. COMPRESIÓN DE DATOS MAYORES: *Totalidad Similar*

1er Elemento: BORRAR; borrar, eliminar.
2do. Elemento: DISTORNAR; Retorcer fuera de proporción.
3er Elemento: GENERALIZAR; Difundir o extender

48. MODELOS DE COMPRESIÓN DE DATOS: *Totalidad Similar*

1er elemento: PATRONES; Una forma o modelo propuesto para la imitación.
2do. Elemento: PROGRAMAS; Un plan o sistema bajo el cual se puede actuar hacia un objetivo.
3er Elemento: MODELOS; Un ejemplo para imitar o emular.

49. DIMENSIÓN: *Totalidad Similar*

1st Element: HEIGHT; The extent of elevation above a level and the distance from the bottom to the top of something.

2nd Element: DEPTH; The perpendicular measurement downward from a surface, the direct linear measurement from front to back.
3rd Element: LATERAL; Extending from side to side.

50. EXPANDIR: *Integración de la Totalidad*

1er Elemento: ESPACIO; Una extensión limitada en una, dos o tres dimensiones.
2do. Elemento: ENTORNO; Circunstancias, objetos o condiciones por las que se está rodeado.
3er Elemento: YO; La persona completa de un individuo, la realización o encarnación de una abstracción.

51. MATRIZ DE SALUD FÍSICA: *Integración de la Totalidad*

1er Elemento: NUTRICIÓN; El acto o proceso de nutrir o ser nutrido.
2do. Elemento: SALUD FÍSICA; La cualidad o el estado de estar en forma.
3er Elemento: HIGIENE; Condiciones o prácticas de limpieza que favorecen la salud.

52. MATRIZ ESPIRITUAL DE LOS SISTEMAS: *Integrar la totalidad*

1er Elemento: CUERPO; La sustancia física organizada de un animal, una planta o un ser humano vivo o muerto.
2do. Elemento: CREENCIA; Estado o hábito mental en el que se confía en alguna persona o cosa.
3er elemento: INTEGRACIÓN; Incorporación como iguales en la sociedad o en una organización de individuos o grupos diferentes.

53. NOTAS: *Totalidad similar*

1er Elemento: MÚSICA; Ciencia o arte de ordenar los tonos o sonidos en sucesión, en combinación y en relaciones temporales para producir una composición que tenga unidad y continuidad.
2do. Elemento: SENTIDOS; La facultad de percibir por medio de los órganos de los sentidos. Función o mecanismo especializado, como la

vista, el oído, el olfato, el gusto o el tacto, por el que los animales y los seres humanos reciben y responden a estímulos externos o internos.
3er Elemento: IMÁGENES; Un diseño o representación realizado por diversos medios, pintura, dibujo, fotografía.

54. LENGUAJE: *Similar Totality*

1er Elemento: SÍMBOLOS; Algo que representa o sugiere otra cosa por razón de relación, asociación, convención o semejanza accidental.
2do. Elemento: LETRAS; Símbolo generalmente escrito o impreso que representa un sonido del habla y constituye una unidad de un alfabeto.
3er Elemento: NÚMEROS; Una suma de unidades. Característica de un individuo por la que se le trata como una unidad o de una colección por la que se le trata en términos de unidades.

55. DATOS: *Totalidad Similar*

1er Elemento: LITERAL.
2do. Elemento: FIGURATIVO.
3er Elemento: SIMBÓLICO.

56. PUNTOS DE TRANSICIÓN: *Integración de la Totalidad*

1er Elemento: PUNTO DE ÉXITO; Fin de la fase de formación, propósito cumplido.
2do. Elemento: PUNTO DE BIFURCACIÓN; Fin de la Fase de Normalización, aparecen las anomalías. Inicio de La Curva de Transformación. (En busca de Nuevas Respuestas).
3er Elemento: PUNTO DE CRUCE; Aparece de repente un nuevo Patrón de Éxito, (Discontinuidad). Saltando la Curva, la Curva del Cambio. El éxito.

57. LA EDAD ERA DE LA INTEGRIDAD/ERA DE LA LUZ: Integrar la totalidad

1er Elemento: CUALIDADES ÚNICAS, TALENTOS DE CADA UNO.

2do. Elemento: EL SENTIDO DE LO COMÚN ENTRE EL INDIVIDUO Y SU ENTORNO, EL HILO CONDUCTOR QUE TIENEN ENTRE SÍ Y EL VÍNCULO CON EL MUNDO NATURAL.
3er Elemento: EL EQUILIBRIO Y LA ARMONIZACIÓN DE LA INDIVIDUALIDAD ÚNICA CON EL SENTIDO DE LO COMÚN.

58. INTEGRAR: *Integración de la Totalidad*

1er Elemento: DECIDIR.
2do. Elemento: CREER.
3er Elemento: ELEGIR.

59. CHI (KI): *Integreación de la Totalidad*

1er Elemento: MATRIZ DE LOS SISTEMAS DEL CUERPO; vista y sonido.
2do. Elemento: INTEGRACIÓN DE LA CREENCIA; Energía y Tacto
3er Elemento: SISTEMAS ADICTIVOS; Olfato y Gusto

60. DESORDEN DISCONTINUO: *Integración de la Totalidad*

1er Elemento: RECONOCIMIENTO.
2do. Elemento: HABILIDAD.
3er Elemento: ENTRENAR.

61. ORGULLO: *Desviación de la Totalidad (Unidad)*

1er Elemento: OPINIÓN.
2do. Elemento: DELICIA.
3er Elemento: EL RESPETO PROPIO.

62. AGENCIA: *Integración de la Totalidad*

1er Elemento: AGENTE.
2do. Elemento: OPERACIÓN.
3er Elemento: INSTRUMENTO.

63. PROPÓSITO: *Integración de la Totalidad*

1er Elemento: INTENCIÓN.
2do Elemento: RESOLVER.
3er Elemento: EXISTIR.

64. FUNCIÓN: *Integración de la Totalidad*

1er Elemento: CARACTERÍSTICAS.
2do. Elemento: NATURAL.
3er Elemento: RENDIMIENTO.

65. NATURALEZA DE LA FUNCIÓN: Integración de la Totalidad

1er Elemento: INSTRUCCIÓN.
2do. Elemento: PROGRAMACIÓN.
3er Elemento: FUNCIONAMIENTO.

66. CAMBIO INCREMENTAL: *Totalidad similar*

1er Elemento: Patrones de éxito explorando posibilidades de patrones o sistemas para el cambio. Explorar para encontrar patrones para el éxito.
2do. Elemento: Ampliar y mejorar los patrones y sistemas para el cambio. Repetir el patrón una y otra vez.
3er Elemento: El sistema ha alcanzado su potencial y también muestra sus problemas incorporados y no está abierto a nueva información, datos y retroalimentación.

67. CAMBIO DE NIVEL DE IDENTIDAD: *Integración de la Totalidad*

1er Elemento: Patrones de éxito que exploran las posibilidades de los patrones o sistemas para el cambio.
2do. Elemento: Ampliar y mejorar los patrones y sistemas para el cambio. Suele ser un proceso de repetición de los patrones de éxito o sistemas para el cambio.
3er Elemento: Patrones de éxito considerando las anomalías (problemas incorporados al sistema de éxito desde el principio. Se toma en cuenta la

nueva información, los datos y la retroalimentación para el cambio). Aquí es donde los patrones o sistemas de éxito originales están teniendo en cuenta las anomalías ahora evidentes desde el primer paso de los patrones de cambio. Estar abierto a la retroalimentación de nuevos datos, nueva información y conocimientos. Aborde las anomalías, (problemas) cree un nuevo patrón de éxito que aborde las anomalías y vaya al Paso 2 de nuevo. Repita, repita, repita el patrón.

MAPA DE HH CORRESPONDENCIA

Mental; DIRECCIÓN

Elementos

　　a. Identidad
　　b. Datos
　　c. Estructura
　　d. Formación de
　　e. Admitir
　　f. Percibir
　　g. Procesamiento de datos
　　h. Transmitir
　　i. Intento
　　j. Borrar

"Conceptos"; (con Principios y Modelos), "Integración" de la Unidad para los sentidos inherentes del Bien y del Mal.

"Integrar" "Integridad", "Estructura", unificada con "Elementos" interrelacionados.

"Estructura" "Semejanza" "Correspondencia" insertar con "Procesos" de Características, agregar o insertar.

"Estructura" y "Procesos" se unen en base a "Similitudes".

"Unidad" de "Estructura" desviada toma acción, evento, condiciones y proceso. Emocional; CUESTIONAMIENTO

Integrar "Integridad"

"Patrones" a "Elementos" interrelacionados "Relaciones" de "Elementos" a su "Contenido"

"Principios" ya "Interrelacionados" y "Interdependientes"

Elementos:

1. Comunicación, procesamiento y almacenamiento de la información
2. Información, diálogo, nuevas teorías con patrones
3. Procesos
4. Norma
5. Aceptar
6. Almacenamiento
7. Proceso de información y almacenamiento
8. Recibir
9. Contexto
10. Insertar

CORRESPONDENCIA DEL MAPA HH FÍSICO

Físico; MODELADO

"Correspondencia" rige la Función (Propósito y Origen) "Permutación" El carácter o condición reordena los "Elementos" existentes

Asigna un Elemento de 1 conjunto a Cada Elemento del mismo u otro conjunto ("Contenido").

La función que gobierna lo hace basándose en "Elementos" similares

"Similitudes"; "Proceso".

"Integración" de "Proceso" de "Elementos" afines.

"Procesos" desviados toman un evento, condición y proceso a la "Estructura".

Elementos:

- a) Transmitir el Modelo a través del lenguaje y los comportamientos.
- b) Conocer la aplicación
- c) Patrones
- d) Cumplir con
- e) Expresar
- f) Transmitir
- g) Comprimir para los modelos
- h) Mensaje
- i) Contenido
- j) Permutación

MEMORIA

Real; Relacionado con las preocupaciones y actividades cotidianas: Serio; Genuino.

Vicario; Incluso que se han borrado: Respuesta imaginativa o subjetiva en experiencias de otro: Ocurrente, inesperado o anormal: Experiencia de otro.

Genético; Relativo y determinado por el origen. Presente al nacer o desarrollarse en la infancia sin necesidad de instrucción. Ancestral, heredado, instintivo o natural.

SISTEMA CERRADO

Negar; No escuchar ni mirar la retroalimentación Rechazar; Respuesta emocional sobre la retroalimentación

Reprimir; Simplemente desecharlo de alguna manera SISTEMA ABIERTO

Admitir; Escuchar y mirar la retroalimentación.

Aceptar; Considerar los puntos de valor para uno mismo en el feedback.

Expresar; Poner en práctica a través del comportamiento cualquier valor que encuentre para usted.

SABER: El uso discernido del conocimiento, qué cuerpo de conocimiento es el mejor para usar dónde y cuándo. Ser sabio significa tener una comprensión elevada de todo el sistema.

Datos; Símbolos en sí mismos, letras, números, símbolos sensoriales como sonidos, texturas, temperatura, dulce, amargo,

Información: Organización de los datos en patrones significativos (como las matemáticas o la física).

Conocimiento: La aplicación y el uso productivo de la información. El conocimiento se construye a partir de los modelos que formamos con la experiencia y las teorías.

PROCESAMIENTO DE DATOS

Recepción; Un reconocimiento completo de todos los datos.

Almacenamiento; Procesamiento subconsciente de los datos junto con la conciencia y la entrada.

Transmitir; Expresar al entorno la conciencia consciente.

META PROGRAMAS

Procesamiento de datos; Programas de compresión de datos mayores y menores. Información y patrones.

Almacenamiento; Disparos neuronales y programas y modelos ya creados subconscientemente y creación de nuevos programas y modelos.

Compresión para la creación de modelos; Simbolización de los programas y modelos para un acceso rápido y fácil por parte del consciente.

ÉXITO

Forma; Explorar las posibilidades hasta descubrir o inventar patrones de éxito. Normar; Los patrones de éxito se repiten una y otra vez.

CUMPLIR; El éxito comienza a aplanarse un poco aún en ascenso, el crecimiento se logra ahora integrando las diferencias y modificaciones en el patrón original en esto el sistema alcanza su pico luego comienza a declinar, habiendo alcanzado sus máximas posibilidades de expresión.

EDUCAR: Cualidades únicas, talentos de cada uno.

Un sentido de lo común entre el individuo y su entorno, el hilo conductor que tienen entre sí y un vínculo con el mundo natural.

Una pertenencia y armonización de la individualidad única con el sentido de lo común.

Para sacar a relucir.

VISIÓN DEL MUNDO

Individuo; Visión de sí mismo

Familia; ADN superpuesto de los padres y patrones de los hermanos en el yo Sociedad; Creencias y temas de la cultura.

PECADO

Culpa; Expresiones de comportamiento como resultado de la negación del propio potencial. Vergüenza; Respuesta emocional interna debida al conocimiento interno del verdadero yo. Miedo; No reconocer las propias habilidades y fortalezas.

AMOR PURO DE CRISTO

Esperanza; Los pensamientos de uno para mejorar

Fe; Emociones sentidas en respuesta a estos pensamientos y que los apoyan

Caridad; Comportamientos que expresan la creencia del propio carácter y el conocimiento relacionado con estos

REALIDAD

La cualidad o estado de ser real, la totalidad de las cosas y eventos reales.

Espacio; Un período de tiempo, también su duración una extensión limitada en 1, 2 o 3 dimensiones: Una extensión tridimensional ilimitada en la que los objetos y eventos ocurren y tienen una posición y dirección relativas, más allá de la atmósfera terrestre y el sistema solar.

Tiempo; Período medible durante el cual existe o continúa un proceso o condición de acción: Continuidad no espacial que se mide en términos de acontecimientos que se superan unos a otros desde el pasado hasta el presente y el futuro.

Materia; Sustancia material física que ocupa realmente el espacio, compuesta por átomos, formada por protones, neutrones y electrones, que constituye el universo observable y es interconvertible con la energía.

TIEMPO

Pasado: Procesos mentales. Presente: Emociones.

Futuro: Comportamientos y modelos.

FAMILIA

Padre; Un hombre que ha engendrado hijos. Madre; Mujer que ha tenido hijos.

Niño; Ser humano no nacido o recién nacido.

COMUNICACIÓN

Transmitir; Enviar los propios pensamientos.

Recibir; Ser consciente en el presente de lo que se envía. Mensaje; El tema o significado subyacente.

MENSAJE

Intención; El diseño o propósito de. Contenido; La sustancia principal ofrecida.

Contexto; Condiciones interrelacionadas en las que algo existe o se produce.

DIMENSIÓN

Altura; Distancia de abajo a arriba. Lateral; Que se extiende de lado a lado.

Profundidad; Medida lineal directa de adelante hacia atrás. La conciencia es una forma dada por el espacio y la dimensión.

Los pensamientos son cosas: el producto intelectual o las opiniones organizadas de nuestras creencias: Las acciones de un individuo son el producto del pensamiento. El movimiento tiene un significado. Dónde y cómo te mueves da sentido a los movimientos. Cuanto más táctil eres, más tratas las ideas como cosas.

Cuanto menos táctil eres, menos tratas las ideas como cosas. Por ejemplo: "Oh, Dios mío", la mano en el ojo o en la frente = emocional. Brazo levantado en el aire= físico.

TÉCNICA DE LA TOTALIDAD

Determine de la lista de TOTALIDADES, cuál es la específica que utilizará para realizar esta técnica. Escriba en 3 papeles distintos las Funciones de la Totalidad y colóquelos en el suelo en orden de 1, 2 y

3. Están enumeradas en el orden correcto en la página que enumera las Totalidades. Asegúrese de tener espacio entre cada papel para dar uno o dos pasos, ya que pasará de uno a otro mediante esta técnica.

Póngase de pie, con espacio para dos pasos entre usted y la primera Función en el suelo.

"Ahora, imagine o pretenda imaginar, colocando las experiencias de toda su vida entre usted y la primera Función posicionada en el suelo". (Haga una pausa y obsérvelos, dándoles tiempo para que coloquen esto en el suelo).

"Ahora no, pero dentro de un momento, les indicaré que recorran las experiencias de su vida y se coloquen en la primera Función colocada en el suelo, frente a ustedes. Cuando llegue a la primera Función, se parará allí, con los ojos abiertos o cerrados, eso depende enteramente de usted. Te guiaré a través del proceso de la Función para esta primera Función con respecto a la experiencia de su vida. Gracias, por favor camine a través de su experiencia de vida ahora y deténganse en la primera Función".

(Haga una pausa y permítales un momento para hacer esto).

"Ahora no, pero en un momento, los guiaré a través de los procesos de esta primera Función. Estos son Filtros en el subconsciente y este primer filtro es Percepción, Identidad y Personalidad. Estos son de su pasado y usted puede

Ahora puede elegir por sí mismo los datos de su experiencia de vida para usarlos para expandir su personalidad, su identidad, de su elección. Los símbolos, fechas, sonidos, vistas, intuiciones, texturas, olores y sabores y energías. Todo esto en símbolos simples o complejos de su elección, y la colocación de estos símbolos en una estructura interna de los rasgos de carácter, rasgos mentales y emocionales. Ampliando y uniendo todos los símbolos y representaciones de base similar. Tomando símbolos y todos estos Datos, de su elección y notando cualquier símbolo de esto para que usted pueda desviarse de los otros símbolos e imaginar o pretender imaginar el ajuste de los Diferentes símbolos para que sean más similares entre sí, más similares con la colección de símbolos como usted ha elegido. Estos para ser el filtro de su Percepción, para su Identidad, para su Personalidad, como usted elige ser. "(Enfoque sus instrucciones incluyendo las Funciones de la Totalidad que ellos han puesto en el suelo en su diálogo de instrucciones a ellos mientras los guía a través de cada paso en su diálogo). (Haga una pausa y permítales un tiempo para completar este proceso, puede repetir algunas de las instrucciones para ayudarles a completar este primer paso). (Cuando hayan completado este paso, asegúrese de darles las gracias. A continuación, continúe con las instrucciones de la técnica).

"Ahora, por favor, tomando toda la colección de símbolos y sentidos y Datos que ha elegido para su Identidad, Personalidad y Percepciones con respecto a toda la experiencia de su vida, imagine o intente imaginar que coloca todo esto en el suelo frente a usted, entre usted y el segundo Filtro que ha colocado en el suelo. Y después de que usted haya hecho esto de nuevo, caminando a través de todos estos Datos de la experiencia de su vida, camine a través de todo esto y párese sobre el segundo Filtro colocado en el suelo, frente a usted." (Haga una pausa, dándoles tiempo para completar este proceso. Nuevamente, puede repetir las instrucciones y hacer una pausa, dándoles tiempo para completarlo. Cuando lo hayan hecho y hayan recorrido su experiencia vital y estén de pie sobre el segundo filtro, continúe con las instrucciones dialogadas).

"Gracias. Ahora, estos Datos que ustedes eligen imaginen, o intenten imaginar que hacen modelos y diferentes patrones de estos Datos y símbolos. Crea tus propias frases, diálogos, información sobre estos símbolos y los

Datos. Unifique e integre los Datos en diálogos, frases para la información interna para usted, pueden convertirse naturalmente en diálogos y frases e información, algunos pueden requerir su asistencia para relacionarse con algunos de los otros modelos y patrones y puede imaginar o intentar imaginar multiplicar algunos con símbolos comunes y diálogos de su elección para su propósito para su experiencia de vida. Notando cualquier desviación o anomalía e integrándolas con los múltiplos comunes para crear sus frases, su diálogo para su información. Para su procesamiento interno para sus momentos presentes para sus experiencias. A partir de su diálogo y frases de los Datos crear Nuevas Teorías para su experiencia de vida. Nuevas aplicaciones y usos productivos para usted personalmente a partir de la información. Crear patrones significativos para usar en cada momento de su vida, construidos sobre las Nuevas Teorías de su vida, nuevas aplicaciones para que usted experimente. Crear patrones de comunicación para estas Nuevas teorías y modelos, para que puedan interactuar y relacionarse entre sí y estar en correspondencia con sus Nuevas Teorías para las Nuevas experiencias de su vida.

Reacomodando cualquier información que elijan para crear cualquier Nueva Teoría que elijan crear para las experiencias de su vida". (Añade cualquier otro aspecto relacionado con el proceso de filtrado específico que hayan elegido y en el que estén parados, dialogando esto también con tus instrucciones y guiándoles).

(Puede volver a leer las instrucciones, ya que les llevará algún tiempo procesar esta parte de la técnica. Déles tiempo suficiente para hacerlo y repita las directrices para ayudarles. Haga una pausa y lea hasta que indiquen que han completado estas instrucciones. Recuerde que pueden imaginarse haciendo el proceso o incluso sólo fingir que lo hacen).

(Cuando hayan completado esta parte de la técnica, déles las gracias y continúe con la tercera parte de esta técnica). Y la información de la vivencia de tus Nuevas Teorías (añade aquí también cualquier diálogo específico perteneciente a las Funciones específicas para las Totalidades que han elegido y que están recorriendo). En el suelo, frente a usted, entre usted y el tercer filtro. (Déles tiempo para hacer esto o para imaginar que lo hacen o para fingir que lo hacen. Puede repetir las instrucciones para ayudarles en este proceso. Cuando sepa que lo han completado, continúe con la técnica).

"Gracias, Ahora, si puede, por favor, con todas las experiencias de su vida, filtrando a su elección, continuando, de su, elección, reúna el Conocimiento, el Discernimiento, la Comprensión, para la Completitud de su Vida. De su elección, Cree o imagine para Crear Modelos, Creencias, como usted elija y para que usted use, para compartir con usted mismo, con otros en su vida, para Su Completitud de Vida. Cree o imagine o pretenda imaginar que crea sus procesos de Lenguaje, sus Comportamientos, la manera de Expresarse y Expandirse, como un Ser Completo, Entero, de su elección. Procese los Datos, la Información, los Diálogos, las Nuevas Teorías, las Experiencias y las Aplicaciones y Elija o imagine o pretenda imaginar su Conocimiento de todo esto. Usted elige o imagina elegir, sus Discernimientos de todo esto. Usted puede Expandir las Similitudes y ajustar las Diferencias, usted puede Agregar o Borrar, de su elección, para sus procesos de Ser y Expresión de su Totalidad. Sus palabras, su colocación en sus Expresiones, sus Hechos, para sus Expresiones, la Representación Completa de la Totalidad de ustedes y de su experiencia de vida, Eligiendo el Conocimiento obtenido, eligiendo la habilidad de Discernir, para Crear su Vida Completa, de acuerdo a su elección como se imaginan o pretenden imaginar que es, a su elección. Cada aspecto, desde los Datos y la Estructura, pasando por la Información y los Patrones, el Conocimiento y los Discernimientos con los Procesos, todos Abiertos unos a otros, emparejando los Similares con los otros, ajustando cualquier Desviación o Anomalía con los otros y volviéndose más Uno, Completo, Unificado, en un Propósito común, Expresión, Creación, en curso a través de la Experiencia y Expresión de toda su vida. Todo lo que usted puede imaginar o pretender imaginar, usted puede Crear y ser Uno dentro de sí mismo, a cargo de su Experiencia de vida. Creando continuamente Nuevos Modelos de Vida, abiertos a la Información y Teorías, recientemente en marcha al igual que los Datos y Experiencias y Creando Procesos y Modelos para continuas Nuevas Expresiones en un sentido literal y nuevas Creaciones en su vida. "(Déles tiempo para procesar esta parte de la técnica, puede leer esto hasta que hayan completado las instrucciones. Añada cualquier otra instrucción específica relativa a la Función específica que han colocado en el suelo).

(Cuando hayan completado esta parte de la técnica, agradezca y haga que se bajen del último Filtro de Función y vayan a donde empezaron y caminen directamente por el punto de inicio hasta el último Filtro, se bajen de nuevo, vayan al punto de inicio y caminen hasta el final una y otra vez hasta que note un cambio subconsciente en ellos).

Capítulo 18

EL SER CONDUCE AL TENER

Somos seres ilimitados. Con sólo utilizar el 10% de nuestro cerebro, seremos genios. La parte subconsciente de nuestra masa cerebral nunca podrá ser duplicada exactamente por el hombre. Nuestras ondas mentales conscientes son más poderosas que el Wi-Fi. Los códigos químicos de nuestras emociones codifican sus huellas a través de nuestras ondas mentales en los demás. Somos energía pura y verdadera y, como tal, nunca dejaremos de existir. Es enteramente nuestra elección en lo que nos convertimos, no estamos limitados por ninguna carencia potencial. Sólo estamos limitados por nuestras propias creencias auto-limitantes. El hombre ha sido parcial a su propia sabiduría y conocimiento desde que comenzamos la vida en la tierra. Seguimos dependiendo de los conocimientos de otras personas para guiarnos. El potencial del cerebro humano es ilimitado.

Nuestra cultura materialista y capitalista engendra, promueve y apoya una identidad de la que carece esencialmente; conocida como "El yo que quiere". Esto se hace mediante su culto a los resultados, su orientación profesional y laboral, y su insaciable demanda de productividad. La mayor parte de los Estados Unidos sigue abrazando la Ética Protestante del Trabajo y por ello han aceptado tácitamente la siguiente fórmula:

EL HACER CONDUCE AL SER Y LUEGO AL TENER:

Realizar o ejecutar acciones guía el camino y corrige el curso en función de nuestra calidad y estado de tener una existencia que guía el camino y corrige el curso de nuestro sustento de posesiones, privilegios y derechos.

Este enfoque de la vida desde fuera ha traído mucha satisfacción, éxito y prosperidad, pero ya no es adecuado como modelo de éxito hoy en día.

Esta fórmula de la Era Industrial ha sido sustituida por la Fórmula de la Era de la Información:

SER CONDUCE A HACER Y LUEGO AL TENER:

La cualidad o estado de tener una existencia realiza acciones y guía el camino corrigiendo el rumbo, realizando y ejecutando acciones que guían el camino corrigiendo el rumbo para la función de mantener nuestras posesiones, privilegios y derechos.

Este es un Enfoque de Dentro a Fuera y sin embargo no es suficiente, ya que sigue haciendo una separación entre el Interior y el Exterior. Lo que se necesita es un Enfoque Integrado que no sólo vincule el Mundo Interior con el Exterior, sino que pueda describir las conexiones íntimas entre ambos. Este es un Enfoque de Sistema Completo, su fórmula es:

EL SER CONDUCE AL TENER:

La cualidad o el estado de la existencia guía el camino, corrigiendo el rumbo como la función para indicar el movimiento o la acción, manteniendo así las posesiones, los privilegios y los derechos.

Observe que falta el Hacer. La pregunta lógica sería: ¿Quién hará lo que hay que hacer? Un mundo no puede funcionar sin acción; sin que alguna parte del sistema haga algo. La quietud, al parecer, da lugar a la Nada.

Para entender este planteamiento aparentemente imposible, es importante observar las dos premisas siguientes:

PREMISA #1: USTED ES EL UNIVERSO

PREMISA #2: EL UNIVERSO ESTÁ HECHO PARA SU ÉXITO

Si no hay separación entre usted y el universo, y éste es realmente una extensión de usted y de su conciencia, y si está diseñado para su éxito; entonces, al igual que su pensamiento puede hacer que sus manos recojan un vaso de agua, el universo puede moverse de tal manera que sus sueños y deseos se cumplan. En otras palabras, el universo se reorganiza para acomodar su imagen de la realidad. Para ser más exactos, sería mejor decir su "modelo" de la realidad.

Así pues, el cambio de su modelo fundamental de la realidad, su visión del mundo, da lugar a un cambio; un conjunto correspondiente de acciones por parte del universo. Una flor hace muy poco, libera un olor dulce que atrae a las abejas orientadas a la acción. Observe que los líderes hacen muy poco trabajo manual en comparación con los que hacen el trabajo duro en una organización. Tradicionalmente sus tareas son más mentales, y más recientemente muchos expertos creen que se han vuelto de naturaleza más espiritual. ¿Qué tipo de visión del mundo hace surgir estas visiones espirituales de un futuro convincente? ¿Con cuál de estos tres niveles se identifica más?

El fundamento metafísico que implica la sustancia y las fuerzas activas. Gravitación universal (en lugar de conservación.) La realidad más allá de lo que es perceptible por los sentidos humanos (Filosofía).

Fuerza impresa - La fuerza no es una propiedad interna de un solo cuerpo por la que éste determina la evolución (temporal) de su propio estado futuro. La fuerza es una acción de un cuerpo sobre otro esencialmente distinto por la cual el primer cuerpo cambia el estado del segundo. Lejos de ampliar el estado de movimiento de un solo cuerpo, la fuerza no tiene nada que ver con el estado de movimiento del cuerpo que la ejerce. La fuerza expresa una relación de interacción real entre dos cuerpos que un cuerpo cambia el estado de movimiento del otro.

La tercera ley de Newton: La igualdad de acción y reacción. Cada cambio de la calidad del movimiento de un cuerpo se contrarresta con el cambio correspondiente en la cantidad de cambio de movimiento de un segundo cuerpo donde el primer cuerpo es la causa del cambio de movimiento del segundo cuerpo y viceversa la tercera ley expresa una comunidad (dinámica) o interacción real de materiales (sustancias), (Momentum, o masa multiplicada por la velocidad). Es una propiedad de un cuerpo en movimiento que el cuerpo tiene en virtud de su masa y movimiento y que es igual al producto de la masa y la velocidad del cuerpo: Una propiedad de un cuerpo en movimiento que determina el tiempo necesario para llevarlo al reposo cuando está bajo la acción de una fuerza de momento constante. Fuerza obtenida por el movimiento o por el desarrollo de los acontecimientos. Se acumula una velocidad que tiende a mantenerse. Dar sentido al propio movimiento. (Los verdaderos movimientos) en un sistema de cuerpos que interactúan (correspondientes) son como el marco del centro de masa del sistema que hacen verdadera la tercera ley. Estado o condición activa o de funcionamiento. Un impulso o inclinación de la mente o la voluntad. La velocidad es la tasa de cambio de posición a lo largo de una línea recta con respecto al tiempo: la derivada de la posición con respecto al tiempo. Tasa de ocurrencia y acción, cambio histórico.

El significado del concepto de masa es sencillo de resolver mediante una definición del concepto real para el movimiento absoluto. Aplicar la ley del movimiento a lo observado. Las leyes del movimiento se basan en última instancia en el a priori de las condiciones de las posibilidades de la experiencia. Estos hechos describen las condiciones a priori que hacen posible el pensamiento empírico objetivo en primer lugar (Tener distancias cortas desconocidas con fuerzas definidas que se extienden hasta el infinito), (Pueden aparecer como constantes opacas, difíciles de explicar y entender, invariables e inmutables como de un valor fijo en una situación dada o universalmente o que es característico de alguna sustancia o instrumento, un término de la lógica con una designación fija).

Sistemas abiertos y cerrados; básicamente, ya no somos sistemas abiertos. Somos sistemas cerrados, y nuestros límites no son permutables, por lo que no tenemos capacidad de ejercer ninguna fuerza de nuestro ser para el éxito. Como sistemas cerrados estamos aprisionados en nuestras propias creencias autolimitantes y seguiremos repitiendo nuestros mismos fracasos.

La inviabilidad tiene que ver con las elecciones, la elección es un síndrome de salto cuántico. Hay un cambio abrupto, un aumento repentino o un avance dramático. Una transición abrupta de un estado energético discreto a otro. Estar dispuesto a dejar ir para ser uno con uno mismo y con Dios y moverse hacia las metas, nutrir el yo cuando los otros no están dispuestos a elegir ir con uno, ellos eligen quedarse.

Los seres humanos nacen con Quantums; 1 por cada sentido humano:

Sonido: Correcto - Vista: Incorrecto

Tacto: Dios - Energía: Yo

Gusto: Vida - Olfato: Muerte

Estos Quantums son dados por Dios y nunca nos dejan aquí en la Tierra. Por mucho que intentemos adormecerlos o acallarlos, nunca se calman ni desaparecen.

Tenemos un sentido interno de todos estos Quantums, y nos recuerdan constantemente el propósito de ellos y el nuestro. Cuando los aceptamos y los escuchamos, somos felices y más positivos. Cuando intentamos ignorarlos o conquistarlos, nos cuesta.

La mente, el cuerpo y las emociones (el espíritu) tienen dos quantums cada uno.

Lo correcto y lo Incorrecto

Dios y el Yo

La vida y la Muerte

La elección de los tres primeros implica la elección de los tres últimos saltos. La resistencia se produce cuando los cambios cuánticos asociados (el resto del conjunto) no son puenteables. Cuando todos los estados cuánticos se vuelven punteables, los saltos cuánticos se disuelven y se produce la Conciencia de la Unidad. El séptimo sentido: El Ser y el Tiempo.

Los saltos cuánticos también se aplican entre la tercera y la cuarta activación sensorial, ya que se activan los detalles de las formas de tratar las anomalías que aparecen en el tercer sentido, para poder continuar con el proceso de cambio transformativo. El proceso de cambio transformativo evita que los sentidos se cierren y hace que la identidad siga creciendo y progresando con éxito.

Conozca a su Ser

Luego Sane Su Ser

Este proceso debe ocurrir antes de que podamos realmente conocer a los demás y luego sanar a los demás. Como dijo Jesús, primero debemos sacar la paja de nuestro propio ojo antes de poder sacarla del ojo de otro.

Una excelente manera de conocerse verdaderamente a sí mismo es conocer su interior, su subconsciente. Si sólo se conoce a sí mismo conscientemente, y aún así no puede superar o alcanzar lo que su consciente conoce, conozca a su yo subconsciente y entonces podrá superar mejor sus problemas conscientemente, podrá alcanzar conscientemente sus objetivos conscientes. El consciente puede anular al subconsciente. Primero el consciente debe conocer los programas del subconsciente que están funcionando.

La infranqueabilidad es una elección. La infranqueabilidad es estar en contra, ser inaceptado, no asimilado, no reconocido. La elección es un síndrome de salto cuántico. Hay 3 aspectos diferentes en cuanto a la elección: 1) Tomar acción, 2) No tomar acción, 3) Dejar que otro tome acción. La elección es una opción, una alternativa, una preferencia, una selección o una elección. Estar dispuesto a dejarse ir para ser uno mismo y Dios. Alimentar el yo cuando los demás no están dispuestos a elegir ir contigo, eligen quedarse.

Cuando los Quantum no son puenteables, tenemos Resistencia en nuestras vidas: Un acto o instancia de oposición como una capacidad por naturaleza de ir en contra de algo. Una oposición natural dentro del sistema.

Cuando los Cuánticos Asociados son Puenteables no tenemos Resistencia en nuestras vidas.

Unir los Cuánticos te lleva a un punto de Transformación. Si se puentean los Cuánticos, se pasa del lado izquierdo al derecho. Comenzando desde la parte superior del Mapa hacia la parte inferior del Mapa. Correspondiendo lo incorrecto con lo correcto, el yo con Dios y la muerte con la vida.

Saltos cuánticos:

Correcto e Incorrecto

Correcto: Conforme o conforme a la justicia, a la ley. Continúa desde arriba. No espurio, genuino. Justo, sano, legal, apropiado. Hacia, a la derecha, en línea recta y Restablecer a lo apropiado. Estar de acuerdo con lo que es justo, bueno o apropiado. Conforme a los hechos o a la verdad.

Incorrecto: No conforme con el hecho o la verdad, incorrecto o erróneo. En un curso erróneo y a veces contrario, Un acto injusto o perjudicial, Desviarse o alterarse. Principios, prácticas o conductas contrarias a la justicia, el bien, la equidad o la ley. No correcto o apropiado según un código, norma o convención.

Dios y el Ser

Dios; La realidad suprema o máxima; el Ser perfecto en poder, sabiduría y bondad que es adorado como creador y gobernante del universo. Un ser u objeto que se cree que tiene más que atributos y poderes naturales y que requiere la adoración humana, que controla un aspecto o parte particular de la realidad.

Ser; El ser total, esencial y particular de una persona. La persona completa de un individuo, la realización o encarnación de una abstracción. El carácter o comportamiento típico de un individuo. La unión de elementos (como el cuerpo, las emociones, los pensamientos y las sensaciones) que constituyen la individualidad y la identidad de una persona. Del mismo carácter en todo momento, del mismo material. Se han añadido al diccionario muchas palabras que empiezan por "yo".

Vida y muerte

Vida: Propiedad o cualidad que distingue a lo vivo. Continuar desde arriba. Principio o fuerza que se considera subyacente a la cualidad distintiva de los seres animados. La secuencia del proceso físico de la vida. Una fase específica de la existencia terrenal. La forma o patrón de algo existente en la realidad.

Muerte: El acto de morir, la terminación de la vida. Cese permanente de todas las funciones vitales. La causa u ocasión de la pérdida de la vida.

Estas síntesis con:

Sonido; Correcto

Vista; Incorrecto

Tacto; Dios

Energía; Ser

Olfato; Muerte

Gusto; Vida

Los Saltos Cuánticos son un Continuum. Un continuum o continuo es un conjunto coherente caracterizado como una colección, secuencia o progresión de valores o elementos que varían en grados mínimos. Lo bueno y lo malo se sitúan en los extremos opuestos de un continuo en lugar de describir las dos mitades de una línea (William Shumaker). El conjunto de los números reales incluye tanto los racionales como los irracionales:

en sentido amplio; un conjunto compacto que no puede separarse en dos conjuntos que no contengan un punto límite del otro. Es continuo, marcado por una extensión ininterrumpida en el espacio, el tiempo o la secuencia. De una función: que tiene la propiedad de que el valor absoluto de la diferencia numérica entre el valor en un punto dado y el valor en cualquier punto de una vecindad del punto dado puede hacerse tan cercano a cero como se desee eligiendo la vecindad lo suficientemente pequeña, continuo (Seguir manteniéndose unido).

Es necesario que haya oposición en todas las cosas y los Saltos Cuánticos son opuestos; Correcto/Incorrecto, Dios/Ser, Vida/Muerte. Cada una de las Funciones Abstractas o Conscientes se aplican a cada Quantum en relación con su posición en el Mapa Humano Holográfico, así como el sentido con el que se encuentra. No puede haber Bien sin Mal ni Mal sin Bien. No puede haber Dios sin el Ser ni el Ser sin Dios. No hay Vida sin Muerte ni Muerte sin Vida. He oído decir que en un "Sentido", no hay Bien o Mal, no hay Dios o Ser, no hay vida o muerte. Elija usted mismo, pero no deje que las interpretaciones del hombre le lleven por el mal camino. También se dice en las escrituras que Lucifer te dirá 99 verdades para que creas 1 mentira.

Tender un puente sobre el Quantum consiste en estar abierto a lo incorrecto dentro de lo correcto y a lo correcto dentro de lo incorrecto. El Dios dentro del Ser y el Ser dentro de Dios, así como la Vida dentro de la Muerte y la Muerte dentro de la Vida. Al igual que la historia del Jardín del Edén en la Biblia, cuando el Señor colocó a Adán y Eva allí para que se multiplicaran y repoblaran la Tierra y colocó un Árbol del Conocimiento del Bien y del Mal pero les ordenó que no comieran de su fruto. La versión corta aquí, es el hecho de que si hubieran guardado el mandamiento del Señor y no hubieran comido del "Manzano", ni siquiera habrían sabido que estaban desnudos.

Siempre hay un punto de transición o cruce. Siempre hay un puente cuántico entre el cambio histórico; algo debe llegar a su fin para que algo completamente diferente llegue a existir.

Hemos mencionado anteriormente un 7º sentido, un sentido del Ser y de Dios y/o un sentido del Tiempo. Este 7º sentido tiene la pregunta primaria "¿Cuándo?". Al igual que los otros Cuánticos, este sentido también representa las otras Funciones Abstractas y conscientes, Subconscientes, que ya forman parte de esto en el Mapa Humano Holográfico. Este 7º sentido, en relación con el Salto Cuántico, representa el Gran Yo Soy y el Eterno Ahora.

MENTAL: El pasado, la intención, la identidad, el tiempo, los pensamientos en forma de imágenes y sonidos y los diálogos internos.

➢ Sonido: Borra por comparación/coincidencia. La información sonora borrada por el subconsciente no se descarta. El subconsciente borra la información que no encaja según el estado mental actual del individuo. La información borrada se mantiene en espera hasta que tiene suficiente información del consciente para crear una nueva generalización. Orientado al detalle, pregunta y sabe "qué"... valores, ideales éticos que honran al yo. El sonido y sus procesos son subjetivos; el diccionario define subjetivo como procedente o que tiene lugar en la mente de un ser humano en lugar de en el mundo externo, subjetivo personal. El salto cuántico es correcto, la intención.

➢ Vista: Borra por contraste, (de nuevo: la información borrada no se destruye, se mantiene en espera hasta que el consciente dé al subconsciente suficiente información para hacer una nueva generalización. orientada al alcance, ideas, razones, conceptos. El salto cuántico es incorrecto, la intención. La vista es objetiva definida como de o que tiene que ver con un objeto externo, no influenciada por emociones o prejuicios personales. Cuando a uno le falta un sentido en el procesamiento mental se encontrará y tendrá un concepto poco profundo de las cosas.

EMOCIÓN: Presencia, contexto, distorsión, comunicación, emociones positivas y negativas.

➢ Tacto: en dirección, distorsiona por amplificación, la distorsión se hace para hacer un subtítulo de la generalización. Presente, conoce y pregunta "¿quién? El tacto es subjetivo. El salto cuántico es Dios, el contexto, el espacio. Intuición: Acciones, presente, pregunta y sabe "¿cuál?" distorsiona disminuyendo, contexto, espacio. Relaciones y la forma en que se relacionan las cosas.

➢ Energía: Intuiciones -La energía es objetiva. El salto cuántico es uno mismo. Cuando a uno le falta información de uno de estos sentidos tendrá un uso o aplicación restringida de las cosas. Intuiciones, acciones, distorsiones al disminuir para hacer generalizaciones.

CUERPO: Futuro, contenido, generalizar.

➢ Gusto: creencias sobre el carácter, la habilidad, la competencia, la capacidad. Cualidades del ser, generalizadas por la semejanza, corta otras partes para generalizar, pregunta y sabe "¿cómo? El salto cuántico es la vida, el contenido. Cuerpo de materia, físico. -El Gusto es subjetivo.
➢ Olfato: Creencias sobre la naturaleza de las cosas, el funcionamiento de las cosas, creencias sobre el hacer y el saber, pregunta y sabe "dónde", generaliza por diferencias, salto cuántico es muerte, contenido, materia, cuerpo, físico. El olfato es objetivo. Cuando a uno le falta información de uno de estos sentidos tendrá una estructura estrecha de las cosas.

El séptimo sentido: El sentido del ser y/o del tiempo es la totalidad de todos los sentidos. Es el gran Yo Soy, el Chi. Y sabe y pregunta "¿cuándo? Esto representa cuando los otros seis sentidos han completado su ciclo con éxito.

Los seres humanos tienen características y atributos representativos de simpatías, fragilidades, fortalezas y por la naturaleza de sus mentes pueden procesar y evaluar sus vidas y muchas otras cosas.

Tienen una existencia consciente y pueden percibir y concebir otras cosas en la existencia real. El ser humano, por su propia naturaleza, ha transformado sus acciones y procesos no sólo en nuestro mundo sino incluso a nivel de ADN de muchos otros seres vivos.

Para transformar, la clave de la fórmula que afecta a la transformación es la FUNCIÓN. La función es la operación literal que convierte una cosa en otra. La función se cambia haciendo una o todas las siguientes cosas: Borrar, Insertar o Permutar.

La integración es un proceso de unificación (Unidad). El ser humano transforma e integra por naturaleza. Su sentido inherente del bien y del mal, de acuerdo con su propia naturaleza y determinado por ella.

La permutación es un cambio importante y fundamental (como en un carácter o condición), basado principalmente en la reorganización de los elementos existentes. Cambio por el acto o proceso, del orden lineal de y conjunto ordenado o arreglos de carácter o condiciones.

Un salto cuántico es una transición abrupta (como la de un electrón, un átomo, una molécula) de un estado energético discreto a otro.

Identidad y semejanza de carácter esencial o genético en diferentes instancias. La igualdad en todo lo que constituye la realidad objetiva de una cosa. Cualidad cuyo efecto es dejar inalterado lo multiplicado (El número que se va a multiplicar por otro).

La comunicación es un proceso mediante el cual se intercambia información entre individuos a través de un sistema común de símbolos, signos o comportamientos, intercambio de información. Los niños reflejan las necesidades negadas y los deseos reprimidos de los padres y hermanos.

Comunicación: El acto o proceso de transferir datos. Modelo de curación: 2 enfoques: 1) Físico, 2): Espiritual.

1): Físico= Nutrición, Estado físico, Higiene y Mantenimiento del cuerpo

2): Espiritual= Matriz del sistema corporal, integración de creencias, sistemas adictivos (cerrados), sistema energético.

El lenguaje de las emociones en relación con el modelo humano holográfico. Inocencia: En ningún sentido. La inocencia engendra más inocencia.

La humillación es la última estrategia de limitación.

Las propiedades y características de nuestro ser natural no necesitan ser formadas o añadidas, sólo expandidas. El Mundo Interior del Ser es diferente al Mundo Exterior del Hacer. Los seres humanos son buenos y merecedores por naturaleza.

Modelos - formar representaciones internas de nuestras experiencias.

Un Modelo no es una Memoria, es un conjunto de Memorias

PARADIGMAS (Programas en el Subconsciente Humano).

Capítulo 19

UNIENDO LOS QUANTUMS

PUENTEANDO O UNIENDO LOS QUANTUMS
Puentear es una elección (sobre)
Hacer algo, No hacer nada, Dejar que otros hagan: Tomar Acción
No Hacer Nada, Dejar que Otros Tomen Acción

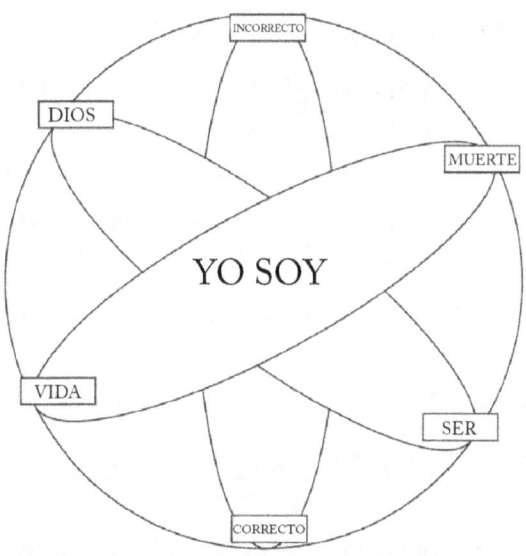

Cuando se unen los Quantum, se empieza por el lado izquierdo y se combina con el lado derecho.

Comience en la parte superior y baje.

Responde a estas preguntas sobre sí mismo, no generalizadas, o sobre los demás.

LO INCORRECTO SE CONVIERTE EN CORRECTO

*Comienza en el Por qué (Incorrecto) y encara el Qué (Correcto): da un paso a la vez respondiendo a cada pregunta.

1. ¿Por qué no ve la verdad?

2. ¿Nombre sus razones de injusticia o injurias?

3. ¿Nombre sus ideas que son contrarias a sus normas?

4. ¿Por qué su vida es incorrecta o errónea?

5. ¿Qué razones o valor hay en esto?

6. *Estar a medio camino de lo correcto (en el momento, cuando).

7. ¿Qué valor tiene ajustarse a los hechos?

8. ¿Qué sentido tiene la injusticia o el perjuicio?

9. ¿Qué ética apoya sus ideas de restitución a lo correcto?

10. ¿Cuáles de sus razones y significados son genuinos?

11. ¿Qué acción podría llevar a cabo para dar valor a sus ideas?

*Estar en lo correcto (girar y mirar hacia el lado equivocado) dando 1 paso a la vez a Cuando/Hora.

1. ¿Qué acciones va a llevar a cabo para hacer avanzar sus conceptos?

2. ¿Qué acción requiere ver y escuchar conjuntamente con la verdad?

3. ¿Por qué es necesaria la acción para llevar la razón a lo correcto?

4. ¿Nombre 3 acciones que puede tomar hoy para traer valor y significado a sus partes incorrectas de su vida?

*Estar en el momento (hora). Lea de nuevo sus respuestas en una trama, y luego repita:

El por qué es para qué mientras que es para qué. Razones con valor, ética en conceptos, 1 de muchos convirtiéndose en 1 y el individuo, el ser es 1. Yo soy el que soy.

EL SER SE CONVIERTE EN DIOS

*Ir a Cuál (Ser) caminando a Quién (Dios): Dar 1 paso a la vez respondiendo a cada una de las preguntas.

1. ¿Cuál es la más importante de sus posibilidades?

2. ¿Qué comportamientos puede dejar de hacer para alcanzarlas?

3. De todas sus intuiciones, ¿Cuál describe lo esencial de su individualidad?

4. Siendo usted la primera persona, ¿Qué funciones lo describen mejor en un grupo?

5. Nombre 3 comportamientos, acciones a dejar para ser la totalidad de su ser

*Estar a medio camino de Quién (a la hora, cuando).

1. ¿Quién es el supremo de sus posibilidades?

2. ¿Quién conoce la totalidad de usted y qué acciones puede dejar de hacer para convertirse en supremo?

3. ¿Quién se relaciona mejor con usted en su mente infinita?

4. Describa la identidad de lo perfecto en poder y sabiduría

5. Nombre 3 acciones que debes dejar de hacer para tener esto

*Estar en Quién (Dios) y enfrentarse a Cuál (Ser): dar 1 paso a la vez hacia el Cuándo/ Tiempo.

1. ¿En qué momento puede convertirse en su supremo?

2. Nombre las acciones que debe detener para sentirse más que los poderes y actitudes naturales

3. Al dejar estas acciones describa su ser total en cuanto a poder ser creador y gobernante de su propia realidad

4. ¿Cuándo sus intuiciones detienen sus acciones describen su relación con Dios?

*Estar en cuando (tiempo). Lea sus respuestas en una trama, luego repita:

Cuál se convierte en quién en vez de individuo. Qué acción e intuiciones es la identidad de valor supremo. Aún así, el papel en la sabiduría y la auto-identidad total entre todas las posibilidades. Yo soy el que soy.

LA MUERTE SE CONVIERTE EN VIDA

*Ir a Dónde (Muerte) caminando a Cómo (Vida): dar 1 paso a la vez respondiendo a cada una de las preguntas.

1. Nombre la situación de su vida que le causa ruina.

2. Describa las principales preocupaciones o la importancia de las cosas irreales, falsas o que no se pueden soportar.

3. Nombre las acciones que otros podrían tomar para abordarlas

4. ¿Dónde está el final de todas estas funciones vitales?

5. Enumere 3 naturalezas de finalización

*Estar a medio camino de Cómo (en el momento, cuando).

1. ¿Cómo han hecho las secuencias de su existencia sus experiencias físicas y espirituales?

2. Describa los rasgos de carácter de los patrones de su vida que aportan propósito y utilidad.

3. Indique 3 o más aspectos del propósito de vivir.

4. Enuncie 3 o más cuestiones relativas a sus reacciones a los estímulos.

5. Nombre estados caracterizados por otros que le ayuden a crecer.

*Ser en Cómo (Vida) y enfrentarse a Dónde (Muerte): dar 1 paso a la vez hacia Cuándo/Tiempo.

1. Con el tiempo, ¿Cómo pueden los demás ser una fuerza de principios en su vida?

2. En el continuo de sus experiencias, ¿Cómo puede usted trascender sus duraciones?

3. Nombre al menos 3 cualidades destructivas de dejar que los demás actúen.

4. Describa y explique la fuerza que hay detrás de las preguntas.

5. Nombre las características y estrategias que tienen los demás para ayudarle en su propósito.

*Estar en el momento (hora). Lea de nuevo sus respuestas en una trama, y luego repita:

Situaciones y circunstancias y un estado y condición. El respeto y las preguntas y los modos de la existencia. Dejar que otros actúen en el método aún valorando el proceso de todos. Yo soy el que soy.

-Fin de la Técnica-

Los algoritmos basados en los sentidos humanos, incluyendo la información sensorial humana holográfica, están asociados a los algoritmos sensoriales.

El Primer Elemento de cada Totalidad está asociado con el sentido del sonido y la vista.

El Segundo Elemento de cada Totalidad está asociado al sentido del tacto y la energía.

El Tercer Elemento de cada Totalidad está asociado con el sentido del gusto y del olfato.

Basado en esta asociación, los sentidos del Sonido y la Vista son todos Primeros Elementos, el sentido del Tacto y la Energía son todos Segundos Elementos, y el sentido del Gusto y el Olfato son todos Terceros Elementos. Estos son los Elementos utilizados para crear los Algoritmos por sentido para el Puenteo de Quantum's, ya sea solo Quantum's o Cuánticos asociados o si usted está haciendo un Puenteo de todos ellos.

Un nivel de elementos por referencia sensorial:

Los Algoritmos se crean en base a la Física de la Correspondencia: Similar, Unidad (Desviación), e Integrar, basado en que el Primer Elemento de Correspondencia es Similar, el Segundo Elemento de Correspondencia es Unidad y el Tercer Elemento de Correspondencia es Integrar.

ALGORITMO para el Sentido del Sonido y la Vista: Similares:

Conjuntos de Totalidades para primer Elemento, segundo Elemento y tercer Elemento por referencia sensorial.

Conjuntos de Totalidades del Primer Elemento:

Similares

Familia, Divinidad, Sistema Cerrado

Comunicar, Meta Programa, Proceso de Datos

Lenguaje, Mensaje, Símbolo

Bloques, Compresión de datos, Modos de compresión de datos

Humano, Cerebro humano, Indicadores sensoriales

Memoria, Cambio, Dimensión

Humano completo, Salud física, Salud espiritual

Tiempo, Naturaleza, Realidad

Elección, Educar, Notas

Pecado, Amor, Lenguaje Universal

Segundo Elemento Conjuntos de la Totalidad:

Unidad

Desorden, Hombre Natural, Desorden Completo Fondo de la Roca, Lejos del Equilibrio, Entropía Visión de sí mismo, Hombre Natural de sí mismo, Anomalías Tercer Elemento Conjuntos de Totalidad:

Integrar

Sistema abierto, Negentropía, Cambio de transformación Continuidad espacio-tiempo, Evento, Expandir transformación, Correspondencia, Puntos de transición Visión del mundo, Edad de la integridad, Integrar

Totalidad Física, Espiritual, Curativa, Sabiduría,

Totalidades reunidas en grupos de 3 con el fin de crear conjuntos de 3 para la Correspondencia de los Continuos en algoritmos.

Conjuntos similares en 3:

1) Familia, Divinidad, Cerrado

2) Comunicar, Meta Programa, Proceso de Datos

3) Lenguaje, Mensaje, Lenguaje Universal

4) Bloques, Compresión de Datos, Modos de Compresión de Datos

5) Humano, Cerebro Humano, Indicadores Sensoriales

6) Memoria, Cambio, Dimensión

7) Mente, Físico, Espiritual

8) Tiempo, Naturaleza, Realidad

9) Elección, Educar, Notas Totalities

Juegos de 3 para Unidad Continuum:

1) Desorden, Desorden Completo, Hombre Natural

2) Entropía, Lejos del Equilibrio, Punto más bajo

3) Visión de sí mismo, Hombre natural Visión de sí mismo.

Totalidades de Anomalía Conjuntos de 3 para Integrar el Continuo:

1) Sistema abierto, Negentropía, Cambio de transformación

2) Continuum Espacio-Tiempo, Evento, Expansión

3) Transformación, Correspondencia, Puntos de Transición

4) Visión del mundo, Edad de la Integridad, Integrar

5) Sabiduría, Totalidad,

6) Físico, Espiritual, Curación

Capítulo 20

ALGORITMO DE ELEMENTOS

Sonido y Vista/Similar: Primeros elementos de diferentes totalidades reunidos en conjuntos de 3 elementos para cada conjunto, basados en la similitud de las totalidades enteras y el primer, segundo o tercer elemento.

SONIDO Y VISTA

Quantum's: Primeros elementos correctos e incorrectos solamente.

>>>>Primeros elementos similares>>>>(A1/Familia, Divinidad, Cerrado)>Padre, Padre-Padre, Negar-Padre/Padre-Padre, Padre, Negar-Padre, Padre-Denegar, Negar/(B2/Comunicar, Meta Programa, Proceso de Datos)>Transmitir, Proceso de Datos-Transmitir, Recepción-Transmitir/Transmitir-Proceso de Datos, Procesamiento de datos, Recepción-Procesamiento de datos/ Transmisión-Recepción, Procesamiento de datos-Recepción, Recepción/(B3/ Lenguaje, Mensaje, Lenguaje Universal)>Simbólico, Intención-Simbólico, Símbolos-Simbólico/Símbolo-Intento, Intención, Símbolos-Intento/Símbolo- Símbolos, Intención-Símbolos, Símbolos/(C4/Bloqueos, Compresión de datos, Modos de compresión de datos)>Mayor, Borrar-Mayor, Patrones-Mayor/ Mayor-Borrar, Borrar, Patrones-Borrar, Mayor-Patrones, Borrar-Patrones, Patrones/ (C5/Humano, Cerebro humano, Indicadores sensoriales)>Identidad, Mente-Identidad, Referencia-Identidad/Mente, Referencia-Mente/ Identidad-Referencia, Mente-Referencia, Referencia/(C6/Memoria, Cambio, Dimensión)>Real, Dirección-Real, Altura-Real/(C7/Mente, Salud Física, Salud Espiritual)>Mente, Nutrición-Mente, Cuerpo-Mente/

Mente-Nutrición, Nutrición, Cuerpo-Nutrición/Mente-Cuerpo, Nutrición-Cuerpo, Cuerpo/(D8/Tiempo. Naturaleza, Realidad)>Pasado, Estructura-Pasado, Espacio-Pasado-Estructura, Estructura, Espacio-Estructura, Pasado-Espacio, Estructura-Espacio, Espacio/ (D9/Elegir, Educar, Notas)>Tomar acción, Cualidades-Tomar acción, Música-Tomar acción-Cualidades, Cualidades, Música-Tomar acción-Música, Cualidades-Música, Música/>>>>Unidad primeros elementos>>>>(U10/ Desorden, Desorden completo, Hombre natural)>Duda. Similar-Duda, Incertidumbre-Duda-Similar, Similar-Incertidumbre-Similar/Duda-Incertidumbre, Similar-Incertidumbre, Incertidumbre/(U11/Entropía, Lejos del Equilibrio, Fondo) >Forma, Estable-Forma, Indefenso-Forma-Estable, Estable, Indefenso-Estable/Forma-Desfavorable, Estable-Desfavorable, Indefenso/(U12/Autovisión, Hombre natural, Anomalía)>Yo, Fragilidad-Me, Similar-Me/ Yo-Frailty, Fragilidad, Similar-Frailty/Me-Similar, Fragilidad-Similar, Similar

/>>>>Integrar primeros elementos>>>>(I13/Sistema abierto, Negentropía, Cambio de transformación)>Admitir, Forma-Admitir, Conocerse a sí mismo-Admitir/ Admitir-Forma, Forma, Conocerse a sí mismo-Forma/ Admitir-Conocerse a sí mismo, Forma-Conocerse a sí mismo, Conocerse a sí mismo/(I14/Continuo espacio-tiempo, Evento, Expandir)>Evento, Estado-Evento, Espacio-Evento/Estado, Estado, Espacio-Estado/Evento-Espacio, Estado-Espacio, Espacio/(I15/Transformación, Correspondencia, Puntos de Transición)>Borrar, Unidad-Borrar, Éxito-Borrar/Unidad, Unidad, Éxito-Unidad/Borrar-Éxito, Unidad-Éxito, Éxito/(I16/Concepción del Mundo, Edad de la Integridad, Integrar)>Individual, Cualidades únicas-Individual, Decidir-Individual/Individual-Cualidades únicas, Cualidades únicas, Decidir-Cualidades únicas/ Individual-Decidir, Cualidades únicas-Decidir, Decidir/(I17/Físico, Espiritual, Curación)>Nutrición, Integración de creencias-Nutrición, Espiritual-Nutrición/Nutrición-Integración de creencias, Espiritual-Integración de creencias/Nutrición-Espiritual, Integración de creencias-Espiritual, Espiritual/(I18/Totalidad, Sabiduría,)>Sentido mental, Datos-Sentido mental,/

TACTO Y ENERGÍA

Quantum's: Dios y el Ser

>>>>Similares 2º Elementos>>>>(Familia, Divinidad, Cerrado)>Madre, Hijo- Madre, Rechazo-Madre/Madre-Hijo, Hijo, Rechazo-Hijo/Madre-Refuso, Hijo-Refuso, Rechazo/(Comunicar, Meta Prog, Proceso de Datos)>Recibir, Patrones de información y almacenamiento-Recibir, Modelos de almacenamiento-Recibir/ Recibir-Patrones de información y almacenamiento, Patrones de información y almacenamiento, Modelos de almacenamiento-Patrones de información y almacenamiento/ Recibir-Modelos de almacenamiento, Patrones de información y modelos de almacenamiento, Modelos de almacenamiento/(Lenguaje, Mensaje, Lenguaje universal)>Energética, Contexto-Energética, Cartas-Energética-Contexto, Contexto, Cartas-Contexto/Energética-Cartas, Contexto-Cartas. Letras/(Bloques, Compresión de datos, Modos de comp. de datos)>Menores, Distorsionar-Menores, Programas-Menores/ Distorsionar, Programas-Distorsionar/ Programas-Menores, Distorsionar-Programas, Programas/(Humano. Cerebro Humano, Indicadores Sensoriales)>Comunicación, Subconsciente-Comunicación, Decisión-Comunicación/Comunicación-Subconsciente, Subconsciente, Decisión-Subconsciente/Comunicación-Decisión, Subconsciente-Decisión, Decisión/(Memoria, Cambio, Dimensión)>Vicario, Dirección-Vicario, Lateral-Vicario/Vicario-Dirección, Dirección, Lateral-Dirección/ Vicario-Lateral, Dirección-Lateral, Lateral/(Mente, Salud física, Salud espiritual)>Emoción, Aptitud-Emoción, Creencia-Emoción/Emoción-Adecuación, Emoción, Creencia-Adecuación/Emoción-Adecuación, Aptitud-Adecuación, Creencia/(Tiempo, Naturaleza, Realidad)>Presente, Patrones-Presente, Tiempo-Presente/Presente-Patrones, Patrones, Tiempo-Patrones/Presente-Tiempo, Patrones-Tiempo, Tiempo/ (Elección, Educar, Notas)>Sin Acción, Sentido de lo común-Sin Acción, Sentidos-Sin Acción/Sin Acción-Sentido de lo común, Sentidos-Sentido de lo común/Sin Acción-Sentidos, Sentido de lo común-Sentidos, Sentidos/>>>>Unidad segundos Elementos>>>>(Desorden, Desorden Completo, Hombre Natural)>Escepticismo, Aleatoriedad-Escepticismo, Simpatías-Escepticismo/Escepticismo-Aleatoriedad, Aleatoriedad,

Simpatías-Aleatoriedad/Escepticismo, Aleatoriedad-Simpatías, Simpatías/ (Entropía, Lejos del Equilibrio, Fondo) >Norma, Caos-Norma, Sin Esperanza-Norma/ Norma-Caos, Caos, Sin Esperanza-Caos/Norma-Sin Esperanza, Caos-Sin Esperanza/(Yo, Hombre Natural, Anomalía)>Yo mismo, Duda-Yo mismo, Desviando-Yo mismo/Duda-Yo mismo, Duda-Duda-Desviando-Yo mismo-Desviando-Duda-Desviando, Desviando/>>>>Integrar segundos Elementos>>>>(Sistema Abierto, Negentropía, Cambio de Transformación)>Aceptar, Anomalía-Norma-Aceptar, Sanar Tu Yo-Aceptar/Aceptar-Anomalía-Norma, Sanar Tu Yo-Anomalía-Norma/Aceptar-Sanar Tu Yo, Anomalía Normativa-Sanar Tu Ser, Sanar Tu Ser/(Continuidad Espacio-Tiempo, Evento, Expandir)>Condición, Condición-Condición, Entorno-Condición/Condición-Condición, Condición, Entorno-Condición/Entorno, Condición-Entorno, Entorno/Entorno/ (Transformación, Correspondencia, Puntos de Transición)>Insertar, Unidad-Insertar, Punto de Bifurcación-Insertar/ Insertar-Unidad, Unidad, Punto de Bifurcación-Unidad/Insertar-Punto de Bifurcación, Unidad-Punto de Bifurcación, Bifurcación/(Visión del Mundo, Edad de la Integridad, Integrar)>Familia, Comunes Individuales y Comunitarios-Familia, Creer-Familia/Familiares-Comunes Individuales y Comunitarios, Comunes Individuales y Comunitarios, Creer- Comunes, Individuo y Comunidad/Familia-Creer, Comunes Individuales y Comunitarios-Creer, Creer/(Físico, Espiritual, Curación)>Fitness, Integración de Creencias-Fitness, Energía-Fitness/ Fitness- Integración de Creencias, Integración de Creencias, Energía-Integración de Creencias/ Fitness-Energía, Integración de Creencias-Energía, Energía/

GUSTO Y OLFATO

Quantum's: Vida y Muerte

>>>>Similar 3er Elemento>>>>(Familia, Divinidad, Cerrado)>Niño, Espíritu Santo-Niño, Reprimir-Niño, Espíritu Santo, Reprimir- Espíritu Santo, Niño-Reprimir, Espíritu Santo-Reprimir, Reprimir/(Comunicar, Meta Prog, Proceso de Datos)>Mensaje, Compresión para la Confección de Modelos-Mensaje, Transmisión a través del lenguaje-Mensaje/ Mensaje-Compresión para la Confección de Modelos, Compresión para

la Confección de Modelos, Transmisión a través de la lengua-Compresión para la elaboración de modelos, Mensaje-Transmisión a través de la lengua, Compresión para la elaboración de modelos-Transmisión a través de la lengua/ (Lengua, Mensaje, Lengua universal)>Cuerpo entero, Contenido-Cuerpo entero, Números-Cuerpo entero-Contenido, Contenido, Números-Contenido/Cuerpo entero-Números, Contenido-Números/ (Bloques, Compresión de datos, Comp. modos)>Complejo, Generalizar-Complejo, Modelos-Complejo/Complejo-Generalizar, Generalizar, Modelos-Generalizar/ Complejo-Modelos. Generalizar-Modelos, Modelos/ (Humano. Cerebro humano, indicadores sensoriales)>Cuerpo, Cuerpo-Límbico, Motivador-Cuerpo/Cuerpo-Límbico, Límbico, Motivador-Límbico/Cuerpo-Motivador, Límbico-Motivador, Motivador/ (Memoria, Cambio, Dimensión)>Genético, Modelo de Rol-Genético, Profundidad-Genético/ Modelo de Rol-Genético, Modelo de Rol, Profundidad-Modelo de Rol/Genético- Profundidad, Modelo de Rol-Profundidad, Profundidad/ (Mente, Salud Física, Salud Espiritual)>Cuerpo, Higiene-Cuerpo, Energía Cerrada-Cuerpo/Cuerpo-Higiene, Higiene, Energía Cerrada-Higiene/ Cuerpo-Energía Cerrada, Higiene-Energía Cerrada, Energía Cerrada/ (Tiempo, Naturaleza, Realidad)>Futuro, Procesos-Futuro, Materia-Futuro/Futuro-Procesos, Procesos, Materia-Procesos/Futuro-Materia, Materia/(Elección, Educar, Notas)>Dejar que otros pasen a la acción, Pertenencia y armonización de una individualidad única con un sentido de lo común-Dejar que otros pasen a la acción, Imágenes-Deja que los demás actúen/Deja que los demás actúen-Pertenencia y armonización de una individualidad única con un sentido de lo común, Pertenencia y armonización de una individualidad única con un sentido de lo común, Imágenes- Pertenencia y armonización de una individualidad única con un sentido de lo común/Que otros pasen a la acción-Imágenes, Pertenencia y armonización de una individualidad única con un sentido de lo común-Imágenes, Imágenes/>>>>Unidad terceros elementos>>>>(Desorden, Desorden Completo, Hombre Natural)>Desconfianza, Desviación-Miseria, Fortalezas-Miseria/Desviación, Desviación, Fortalezas-Desviación/Miseria-Fuerzas, Desviación-Fuerzas, Fortalezas/ (Entropía, Lejos del Equilibrio, Fondo) >Éxito, Trastorno del azar-Éxito, Sin valor-Éxito/Éxito-Trastorno del azar, Trastorno del azar, Sin valor-Trastorno del azar/Éxito- Sin valor, Trastorno del azar-Sin valor, Sin valor/(Yo, Hombre natural, Anomalía)>I, Creencias limitantes-I, Plomada-I/I-Creencias limitantes, Creencias Limitantes, Plummet-Creencias Limitantes-I-Plummet, Creencias Limitantes- Plummet, Plummet/>>>>Integrar terceros Elementos>>>>(Sistema Abierto, Neg- entropía, Cambio de Transformación)>Expresar, Cumplir-Expresar, Conocer y Sanar a Otros-Expresar/Expresar-Cumplir. Cumplir, Conocer y Curar a los demás-Cumplir/Expresar-Conocer y Curar a los demás, Cumplir-Conocer y Curar a los demás, Conocer y Curar a los demás/(Continuidad espacio-temporal, Evento, Expandir)>Proceso, Resultado-Proceso, Auto-Proceso-Resultado, Resultado, Auto-Resultado/Proceso-Auto-Resultado, Yo (Transformación, Correspondencia, Puntos de Transición)>Permeabilizar, Integrar-Permeabilizar, Puntos de Cruce- Permeabilizar/ Permeabilizar-Integrar, Integrar, Puntos de Cruce-Integrar/ Permeabilizar-Puntos de Cruce, Integrar-Puntos de Cruce, Puntos de Cruce/ (Visión del Mundo, Edad de la Integridad, Integrar)>Sociedad, Armonía del individuo con la comunidad-Sociedad, Elección-Sociedad/Sociedad-Armonía del individuo con la comunidad, Armonía del individuo con la comunidad, Elección-Armonía del individuo con la comunidad/Sociedad-Elección, Armonía del individuo con la comunidad-Elección, Elección/(Física, Espiritual, Curación)>Higiene, Sistema Energético-Higiene, Física-Higiene/ Higiene-Sistema Energético, Sistema Energético, Física-Sistema Energético/ Higiene-Física, Sistema Energético-Física, Física/ (Sabiduría--)

➤ *(Flecha) indica los siguientes conjuntos de 3 elementos en un continuo. El final de un conjunto de 3 en un continuo y el comienzo del siguiente en el continuo.*

➤ *(Guión) indica el continuo de Elementos en su orden. El - entre los Elementos también representa "Interrelación, Interdependencia". Los Elementos en el continuo no cambian el significado, la identidad, ni la función del otro Elemento, se interrelacionan, interdependientemente.*

, *(Coma)*

SONIDO Y VISTA

Algoritmo/Continuum Sólo primeros elementos:

>Padre, Padre-Padre, Negación-Padre/Padre-Padre, Padre, Negación-Padre, Padre-Denegación, Padre-Denegación, Negación>Transmisión, Procesamiento de datos-Transmisión, Recepción-Transmisión/ Procesamiento de datos, Procesamiento de datos, Recepción-Procesamiento de Datos/ Transmisión-Recepción, Procesamiento de Datos-Recepción, Recepción>Simbólica, Intención-Simbólica, Símbolos-Simbólica/ Intención-Simbólica, Intención, Símbolos-Intención/Símbolos, Intención-Símbolos, Símbolos>Mayor, Borrar-Mayor, Patrones-Mayor/ Mayor-Borrar, Borrar, Patrones-Borrar, Mayor-Patrones, Borrar-Patrones, Patrones>Identidad, Mente-Identidad, Referencia-Identidad-Mente, Mente, Referencia-Mente/ Identidad-Referencia, Mente-Referencia, Referencia/(C6/Memoria, Cambio, Dimensión)>Real, Dirección-Real, Altura-Real>Mente, Nutrición-Mente, Cuerpo-Mente/Mente-Nutrición, Nutrición, Cuerpo-Nutrición/ Mente-Cuerpo, Nutrición-Cuerpo, Cuerpo>Pasado, Estructura-Pasado, Espacio-Pasado/ Pasado-Estructura, Estructura, Espacio-Estructura, Pasado-Espacio, Estructura-Espacio, Espacio>Toma de acción, Cualidades-Toma de acción, Música-Toma de acción/ Toma de acción-Cualidades, Cualidades, Música-Toma de acción-Música, Cualidades-Música, Música>>>>> Unidad primeros Elementos>>>>Duda. Similar-Duda, Incertidumbre-Duda/Duda-Similar, Similar-Incertidumbre-Similar/Duda-Incertidumbre, Similar-Incertidumbre, Incertidumbre>Forma, Estable-Forma, Indefenso-Forma-Estable, Estable, Indefenso-Estable/Forma-Indefensa, Estable-Indefensa, Indefenso>Yo, Fragilidad-Me, Similar-Me-Frailty, Frailty, Similar-Frailty/Me-Similar, Frailty-Similar, Similar>>>>Integrate first Elements>>>>Admit, Form-Admit, Know Thy Self-Admit/Admit-Form, Form, Know Thy Self-Form/Admit-Know Thy Self, Form-Know Thy Self, Know Thy Self>Event, State-Event, Space-Event/Event-State, State, Espacio-Estado/Evento-Espacio, Estado-Espacio, Espacio>Borrar, Unidad-Borrar, Éxito-Borrar/Borrar-Unidad, Unidad, Éxito-Unidad/Borrar-Éxito, Unidad-Éxito, Éxito>Individual, Cualidades únicas-Individual, Decidir-Individual/ Individuo-Cualidades únicas, Cualidades únicas, Decidir-Individual-Decidir, Cualidades únicas-Decidir, Decidir>Nutrición, Integración de creencias-Nutrición, Integración de creencias-Espiritual, Integración de creencias-Espiritual/Nutrición-Espiritual, Integración de creencias-Espiritual, Espiritual>Sentido mental, Datos-Sentido mental,/

TACTO Y ENERGÍA

>>>Similares 2º Elementos>>>>Madre, Hijo-Madre, Rechazo-Madre-Hijo, Hijo, Rechazo-Hijo/Madre-Refuso, Hijo-Refuso, Rechazo>Recibir, Patrones de información y almacenamiento-Recibir, Modelos de almacenamiento-Recibir/ Recibir-Patrones de información y almacenamiento, Patrones de información y almacenamiento, Modelos de almacenamiento-Patrones de información y almacenamiento/Recepción-Modelos de almacenamiento, Patrones de información y almacenamiento-Modelos de almacenamiento, Modelos de almacenamiento>Energética, Contexto-Energética, Cartas-Energética/Contexto, Contexto, Cartas-Contexto/Energética-Cartas, Contexto-Cartas. Letras>Menores, Distorsionar-Menores, Programas-Menores/Distorsionar, Distorsionar, Programas-Distorsionar/Menores, Distorsionar-Programas, Programas>Comunicación, Subconsciente-Comunicación, Decisión-Comunicación-Subconsciente, Subconsciente, Decisión-Subconsciente/Comunicación-Decisión, Subconsciente-Decisión, Decisión>Vicario, Dirección-Vicario, Lateral-Vicario/Vicario-Dirección, Dirección, Lateral-Dirección/Vicario-Lateral, Dirección-Lateral, Lateral>Emoción, Aptitud-Emoción, Creencia-Emoción/Emoción-Aptitud, Emoción, Creencia-Aptitud/Emoción-Creencia, Aptitud-Creencia, Creencia>Presente, Patrones-Presente, Tiempo-Presente/Presente-Patrones, Patrones, Tiempo-Patrones/Presente-Tiempo, Patrones-Tiempo, Tiempo>Sin Acción, Sentido de lo común-Sin Acción, Sentidos-Sin Acción/Sentido de lo común, Sentidos-Sentido de lo común/Sin acción-Sentidos, Sentido de lo común-Sentidos, Sentidos>>>>Unidad segunda Elementos>>>>Escepticismo, Aleatoriedad-Escepticismo, Simpatías-Escepticismo-Aleatoriedad, Aleatoriedad, Simpatías-Aleatoriedad-Escepticismo-Simpatías, Aleatoriedad-Simpatías, Simpatías>Norma, Caos-Norma, Sin esperanza-Norma-Caos, Caos, Sin esperanza-Caos/Norma-Sin esperanza, Caos-Sin esperanza, Sin esperanza>Yo mismo, Duda-Yo mismo, Desviación-Yo mismo/Duda-Yo mismo, Duda, Desviación-Duda-Yo mismo, Desviando>>>>Integrar segundos elementos>>Aceptar, Anomalía de la norma-Aceptar, Sanar tu yo-Aceptar/Aceptar-Anomalía de la norma, Anomalía de la norma, Sanar tu yo-Anomalía de la norma/Aceptar-Sanar tu yo, Anomalía de la norma-Sanar tu yo>Condición, Condición-Condición, Entorno-Condición/Condición-Condición, Condición,

Entorno-Condición/Entorno, Condición-Entorno, Entorno>Insertar, Unidad-Insertar, Punto de Bifurcación-Insertar/ Insertar-Unidad, Unidad, Punto de Bifurcación-Unidad/ Insertar-Punto de Bifurcación, Unidad-Punto de bifurcación, Bifurcación>Familia, Comunes Individuales y Comunitarios-Familia, Creer-Familia/Familia-Comunes Individuales y Comunitarios, Comunes Individuales y Comunitarios, Creer-Comunes, Individuales y Comunitarios/Familiares-Creer, Comunes Individuales y Comunitarios-Creer, Creer>Fitness, Integración de Creencias-Fitness, Energía-Fitness/ Fitness-Integración de Creencias, Integración de Creencias, Energía-Integración de Creencias/Fitness-Energía, Integración de Creencias-Energía, Energía/

Gusto y Olfato

>>>>Similar 3er. Elemento>>>>Niño, Espíritu Santo-Niño, Reprimir-Niño/ Espíritu Santo, Espíritu Santo, Reprimir-Niño/Reprimir, Espíritu Santo-Reprimir, Reprimir>Mensaje, Compresión para la elaboración de modelos-Mensaje, Transmisión a través del lenguaje-Mensaje/Mensaje-Compresión para la elaboración de modelos, Compresión para la elaboración de modelos, Transmisión a través del lenguaje-Compresión para la elaboración de modelos>Cuerpo entero, Contenido-Cuerpo entero, Números-Cuerpo entero/Cuerpo entero-Contenido, Contenido, Números-Contenido/ Cuerpo entero, Contenido-Números, Números>Complejo, Generalizar-Complejo, Modelos-Complejo/Complejo-Generalizar, Generalizar, Modelos-Generalizar/Complejo-Modelos. Generalizar-Modelos, Modelos>Cuerpo, Límbico-Cuerpo, Motivador-Cuerpo/Cuerpo-Límbico, Límbico, Motivador-Límbico/Cuerpo-Motivador, Límbico-Motivador, Motivador>Genético, Modelo de Rol-Genético, Profundidad-Genético/ Modelo de Rol, Modelo de Rol-Profundidad/Genético-Profundidad, Modelo de Rol-Profundidad, Profundidad>Cuerpo, Higiene-Cuerpo, Energía Cerrada-Cuerpo/Higiene, Higiene, Energía Cerrada-Higiene/ Cuerpo-Energía Cerrada, Higiene-Energía Cerrada>Futuro, Procesos-Futuro, Materia-Futuro/Futuro-Procesos, Procesos, Materia-Procesos/ Futuro-Materia, Procesos-Materia, Materia>Dejar que los demás actúen, Pertenencia y armonización de una individualidad única con un sentido de lo común-Dejar que los demás actúen, Imágenes-Dejar que los

demás actúen/Dejar que los demás actúen-Pertenencia y armonización de una individualidad única con un sentido de lo común, Pertenencia y armonización de una individualidad única con un sentido de lo común, Imágenes Pertenencia y armonización de una individualidad única con un sentido de lo común-Imágenes, Cuadros>>>>Unidad terceros Elementos>>>>Desconfianza, Desviación-Miseria, Fortalezas-Miseria/ Desconfianza-Desviación, Desviación, Fortalezas-Desviación/ Miseria-Fuerzas, Desviando-Fortalezas, Fortalezas>Éxito, Trastorno de Aleatoriedad-Éxito, Trastorno de Aleatoriedad-Sin valor, Trastorno de Aleatoriedad-Sin valor, Trastorno de Aleatoriedad-Sin éxito, Trastorno de Aleatoriedad-Sin valor, Sin valor>I, Creencias limitantes-I, Plummet-I/I-Limiting Beliefs, Creencias limitantes, Plummet-Limiting Beliefs/I-Plummet, Limiting Beliefs-Plummet, Plummet>>>>Integrar terceros elementos>>>>Express, Fulfill-Express, Conocer y sanar a los demás-Expresar/Expresar-Cumplir, Cumplir, Conocer y sanar a los demás-Cumplir/Expresar-Conocer y sanar a los demás, Cumplir-Conocer y sanar a los demás, Conocer y sanar a los demás>Proceso, Resultado-Proceso, Auto-Proceso-Resultado, Resultado, Auto-Resultado/ Proceso-Auto, Resultado-Auto, Auto>Permeabilizar, Integrar-Permeabilizar, Puntos de cruce-Permeabilizar/ Permeabilizar-Integrar, Integrar, Puntos de cruce-Integrar/ Permeabilizar-Puntos de cruce, Integrar-Puntos de cruce, Puntos de cruce>Sociedad, Armonía del individuo con la comunidad-Sociedad, Elección-Sociedad/Sociedad-Armonía del individuo con la comunidad, Armonía del individuo con la comunidad, Elección-Armonía del individuo con la comunidad/Sociedad-Escogida, Armonía del individuo con la comunidad-Escogida, Elección>Higiene, Sistema energético-Higiene, Físico-Higiene/Sistema energético, Sistema energético, Físico-Higiene, Sistema energético-Físico, Físico/ (Sabiduría--)

Capítulo 21

ELECCIÓN

Cuando los Quantum asociados son puenteables, tenemos menos resistencia en nuestras vidas. Tenemos menos actos o instancias de resistencia u oposición a las fuerzas en nuestras vidas. Esto se refiere a un mero mecanismo de defensa psicológico en el que uno rechaza, niega o se opone de otro modo a los esfuerzos que le benefician. Quantum's asociados como localizados en el Mapa Plano Humano Holográfico. El hecho de que los Quantum de lo Correcto y lo Incorrecto y luego Dios y el Ser y luego la Vida y la Muerte sean capaces de tender un puente de ida y vuelta es el proceso de que estos aparentes opuestos sean capaces de ir y venir de uno a otro.

Tener lo Correcto y ser capaz de discernir, comprender las posibilidades de lo Equivocado y ser capaz de hacer que lo Equivocado vuelva a lo Correcto.

Unir proporcionando un puente, un paso a través o sobre el otro. Ser capaz de navegar, negociar de ida y vuelta. Lo contrario de puenteable es intransitable. Este puente es creado por un continuum de un todo coherente caracterizado como una colección, secuencia o progresión de Valores o Elementos que varían en grados mínimos. Lo correcto y lo incorrecto se sitúan en los extremos opuestos de un continuum en lugar de describir las dos mitades de una línea (Wayne Schumaker). Un conjunto compacto que no puede separarse en dos conjuntos, ninguno de los cuales contiene un punto límite del otro. El antónimo de continuum es cesar.

La ley del efecto inverso nos da la posibilidad de elegir. El hecho es que cualquier programa/modelo que tengamos, también tenemos un programa completamente opuesto ya en el subconsciente. Los otros programas deben tener el permiso del consciente para poder acceder a ellos para su uso consciente. El programa/modelo opuesto es el resultado de la función de efecto inverso que el subconsciente realiza con todos los datos que llegan antes de ser procesados. El subconsciente hace automáticamente el Efecto Inverso. El Efecto Inverso es procesar la información que entró, exactamente como entró, y completamente opuesto en cada pieza de información que entró. Esto es algo que el subconsciente hace automáticamente. De nuevo, esto se llama Efecto Inverso.

2 Nefi 2; 11: "Porque es necesario que haya una oposición en todas las cosas. Si no fuera así, mi primogénito en el desierto, la justicia no podría ser llevada a cabo, ni la maldad, ni la santidad, ni la miseria, ni el bien ni el mal. Por lo tanto, todas las cosas deben ser un compuesto en uno; por lo que si fuera un cuerpo debe permanecer necesariamente como muerto, sin tener vida ni muerte, ni corrupción ni incorrupción, felicidad ni miseria, ni sentido ni insensibilidad."

El efecto inverso es una función útil realizada por el subconsciente, hay grandes beneficios al tener el opuesto exacto de cualquier dato que llega al cerebro. Esto no sólo nos da una elección inmediata, (dependiendo de los datos que hayamos elegido utilizar) crea un programa/modelo opuesto para cada programa/modelo que se tenga. El cambio entonces no es realmente tan difícil. Lo que es difícil es admitir y aceptar que el programa/modelo que utilizamos es el problema, en primer lugar. Tan rápidamente culpamos al entorno y a los demás.

Hay dos cosas, que conocemos, que impiden que el subconsciente haga este proceso automático de efecto inverso. Una es "Verdades Absolutas", otra es "Elección Absoluta". Tiene que haber un patrón consistente de verdades absolutas, o elección absoluta, para que el subconsciente detenga temporalmente el Efecto Reverso automático el tiempo suficiente para que las siguientes palabras entren en el subconsciente y no sean Efecto Reverso por el proceso subconsciente. Ejemplo:

Hay un patrón de uso de verdades absolutas o de elección absoluta. Consiste en un patrón de:

Cinco verdades absolutas

Una Orden Consciente

Cuatro Verdades Absolutas

Dos Comandos Conscientes

Tres Verdades Absolutas

Tres Comandos Conscientes

Dos Verdades Absolutas

Cuatro mandatos conscientes

Una Verdad Absoluta

Cinco Comandos Conscientes.

Las Verdades Absolutas pueden ser el nombre de una persona, una cita directa de lo que ha dicho, el lugar, el entorno, la fecha, lo que es, o lo que acaba de suceder.

Los Comandos Conscientes generalmente son de naturaleza positiva de lo que pueden hacer, pensar, sentir o tener.

Por ejemplo, "Estás leyendo estas palabras, las palabras son letras que se juntan en diferentes secuencias que tienen definiciones, las diferentes letras hacen un sonido diferente cuando se pronuncian individualmente, hay un montón de palabras hechas de las letras del alfabeto y comprendes muchas palabras. Las palabras se juntan para crear frases cuando escribimos, las palabras pueden ser habladas, escritas o tecleadas, el texto y su propia capacidad para comprender más y más palabras aumenta enormemente con un mayor acceso consciente. Diferentes personas juntan diferentes palabras de diferentes maneras, la gente puede entender palabras similares de diferentes maneras y algunas palabras pueden sonar como otras palabras, y sus habilidades para comprender, obtener conocimiento y sabiduría del lenguaje aumentan naturalmente dentro de su propia mente subconsciente para el acceso consciente. Esto es un escrito como un ejemplo de Verdades con Comandos Conscientes usted conoce estas palabras y su habilidad para comprender, abrir su mente, aplicar la información para ganar conocimiento y volverse sabio aumenta naturalmente dentro de usted".

A lo largo de las escrituras las palabras de Cristo son excelentes patrones de esta misma estructura. Ejemplos absolutos de elección están también en las palabras de Cristo: "No pudisteis". "Si queréis, podéis..." Usar la verdad absoluta cuando se habla a los demás, usar la elección absoluta cuando se habla a los demás ayuda a abrir el consciente a mayores datos del subconsciente.

A veces podemos hablar en Verdades y Comandos Conscientes simplemente de forma natural y su Sabiduría aumenta a medida que su conocimiento crece desde su aplicación de la información de Datos tan simples como las palabras, aumentando su IQ y elevándolo a una inteligencia sin límites.

www.ingramcontent.com/pod-product-compliance
Lightning Source LLC
LaVergne TN
LVHW021702060526
838200LV00050B/2465